KB110929

그 많은
똑똑한 아이들은
어디로 갔을까?

# 그 많은
# 똑똑한 아이들은
# 어디로 갔을까?

권재원 지음

지식프레임

# 우리는 왜 PISA에 열광하는가?

우리나라도 가난하고 힘없던 시절이 있었다. 지금 대한민국은 각종 세계 통계에서 선진국(advanced countries)으로 분류되지만 1980년대 이전에 태어난 사람들에게는 아직도 우리나라와 선진국을 구별해서 부르는 것이 익숙하다. 후진국이라는 말이 듣기 싫어서 중진국이라는 해괴한 말을 만들어 스스로를 위로하곤 했지만, 우리나라는 1970년 대만 해도 선진국은커녕 신흥국(emerging countries)에도 들지 못하는 개발도상국이었다.

그런 처지였기에 우리에게 '세계 수준'이라는 말은 언제나 힘써서 도달해야 할 지상 목표였다. 모든 분야에 있어 세계 수준의 성과를 이루자며 스스로를 채찍질했다. 세계 평균은 아예 고려의 대상도 아니고, 경제협력개발기구(OECD) 평균보다 높은가 낮은가를 가지고 따지는 요즘과는 그만큼 기준 자체가 달랐던 것이다.

당시 우리는 선진국들, 특히 미국, 일본, 그리고 유럽 나라들과 겨뤄 이기는 것에 열광했다. 하지만 어느 분야에서도 그건 쉬운 일이 아니었다. 요즘에는 올림픽에서 금메달을 10개 이상 획득하지 못하면 흉작이라고 부르지만 1976년 이전까지 우리나라는 올림픽에서 금메달을 하나도 따지 못한 나라였고, 지금은 월드컵에서 16강에 오르지 못했다고 감독이 도중하차하지만, 1986년까지 대한민국은 16강은커녕 올림픽 본선에도 나가보지 못한 나라였다.

그런 어렵던 시절 국제대회의 메달 하나, 프로 복싱의 챔피언 벨트 하나는 열등감에 위축된 국민들에게 우리도 할 수 있다는 것을 보여주는 각성제 역할을 했다. 그래서 특히 일본인이나 백인들을 때려눕히는 프로 복싱이나 레슬링 선수들이 인기였다. 또 클래식의 본고장인 유럽 무대에서 박수를 받으며 연주하는 음악가들이 영웅처럼 대접받았다. 음악이라고는 한국어로 부르면 '이미자', 영어로 부르면 '패티 김' 정도밖에 모르는 사람들도 바이올리니스트와 지휘자로 이름을 떨친 정경화, 정명훈 남매는 다 알고 있었다. 심지어 미용사, 피아노 조율사 등 기술자들도 기능올림픽에 나가 금메달 따는 것을 목표로 연습할 정도였다. 그렇게 우리는 세계를 상대로 경쟁심을 불태웠다.

우리가 세계(더 정확히 말하면 서양)를 의식하고, 세계와 경쟁해서 이겨야 한다고 투지를 불태우게 된 데는 그만한 이유가 있었다. 그 바탕에는 일제강점기의 치욕, 전쟁과 분단은 모두 근대화가 늦었기 때문에 겪어야 했던 비극이라는 인식이 깔려 있었다. 근대화가 늦었으니 한시라도 빨리 서양과 일본을 따라잡아야 한다는 강박관념이 널리 퍼져 있었던 것이다.

이런 강박은 단기간에 산업화·근대화를 이루며 더욱 강화되어 '뒤

떨어지면 먹힌다, 멈추면 죽는다'는 불안을 증폭시켰다. 그 결과 나라 전체가 경쟁적 분위기에 사로잡혔다. 경쟁해서 승리하자는 풍토가 사회 곳곳에 만연했다. 우선 우리끼리 선의의 경쟁을 하고, 그렇게 획득한 경쟁력으로 다른 나라들과 경쟁해야 한다는 식의 논리가 어린 시절부터 학교와 언론을 통해 주입되었다.

사회 모든 분야에서 사람들은 일종의 국가대표 선수 같은 의식을 강요받기도 하고 더러는 자발적으로 그런 생각들을 가지기도 했다. 공장 노동자는 다만 생계를 위해서가 아니라 조국의 산업화와 수출을 통한 경제 성장을 이끄는 전사였고 그래서 수출이 몇 억 달러인지, 1인당 국민소득이 몇 달러인지를 놓고 세계 여러 나라와 경쟁했다.

학생들이라고 예외는 아니었다. 학생들은 국내의 학생들과 경쟁하면서도, 한편으로 다른 나라 학생들과 경쟁한다는 마음가짐을 요구받았다. 하지만 공부에는 올림픽도, 금메달도 없었다. 다만 자원도 자본도 없는 나라가 오직 교육의 힘으로 선진국 대열에 들어서게 되었다는 이른바 '교육입국론'이 널리 알려지면서 막연히 우리나라는 '공부 잘하는 나라'라는 믿음이 공유되고 있었을 뿐이다. 심지어 세계적인 여행 안내서인 《론리 플래닛》에조차 대한민국은 교육을 중요시하는 나라라는 식으로 표현되어 있었다.

그런데 1995년 국제 수학·과학성취도평가인 TIMSS(Trends in International Mathematics and Science Study)가 시작되면서 마침내 공부에도 올림픽이 생겼다. TIMSS는 초등학교 4학년, 중학교 2학년을 대상으로 4년마다 수학과 과학을 평가하여 그 추세를 관찰하는 프로젝트다. 여기서 우리나라는 싱가포르, 대만, 홍콩과 함께 최상위권을 다투면서 이른바 네 마리 용의 실력을 만방에 떨쳤다. 하지만 당시 TIMSS는 모든 선진국이 참여한 것도 아니고, 무엇보다 공신력 있는 국제기구가 주관한 것이 아니었기 때문에 큰 관심을 받지 못했다.

그런데 2000년 PISA가 나타났다. 우리 눈앞에 나타난 PISA는 이른바 선진국 클럽이라는 경제협력개발기구(OECD)가 주관하고, 모든 선진국들이 3년마다 한 번씩 학업성취도를 놓고 겨루는 공부 올림픽이나 마찬가지였다. 뿐만 아니라 PISA에는 OECD 회원국은 아니지만 선진국이라고 봐도 무방한 대만, 홍콩 등 동아시아의 학생들도 참여했다.

우리 학생들은 기대에 부응하여 PISA가 시작된 이래 회를 거듭할수록 점점 우수한 성적을 거두어 2012년에는 마침내 전통적인 라이벌 대만, 홍콩뿐 아니라 숙명의 라이벌(?) 핀란드까지 따돌리고 세계 최고의 위치에 오르고야 말았다.

반면 PISA가 처음 시행된 2000년만 해도 세계 순위권에 이름을 올렸던 일본은 점점 순위가 떨어지더니 같은 아시아 선진국인 우리나라, 대만, 싱가포르, 홍콩과도 점점 격차가 벌어졌다. 이른바 '유도리 교육(ゆとり 教育, 여유 있는 교육이란 뜻으로 주입식 교육에서 벗어나 학생의 자율성을 중시하며 학업 부담과 학습 내용을 줄임으로써 시민성·사고력·창의성을 제고하고자 2002년부터 일본에서 시행된 교육정책 기조)'으로 교육 기조를 바꿨던 일본의 국내 여론은 PISA의 결과 발표와 함께 급격히 냉각됐다. 특

히 유도리 교육 1세대가 참가한 PISA 2006의 결과가 발표된 후 방과후 수업을 강제하는 등의 대책이 세워졌다. 그 덕분인지 일본은 이후 PISA에서 어느 정도 순위를 회복했지만 후유증으로 과로에 지친 교사들의 이직률이 높아지는 역효과도 있었다.

한편 미국은 요즘 말로 '멘붕' 상태에 빠졌다. 번번이 OECD 평균에 미달하는 것으로 나타나 자존심을 크게 구긴 것이다. 버락 오바마 대통령은 기회가 있을 때마다 "한국 교육을 본받자"고 외쳤다.

그렇다면 메달을 획득한 우리나라의 반응은 어땠을까? 올림픽 금메달리스트를 환영하듯 카 퍼레이드라도 하는 분위기였을까? 수고한 교사들에게 전 국민의 격려와 감사가 쏟아졌을까? 오히려 정반대였다. 교사들은 날이 갈수록 무능하고 게으른 집단으로 질타를 받았다. 이런 인식 때문인지 PISA 결과가 발표될 때마다 교사에 대한 압력도 커졌다. 2003년에는 이름만 '교육행정정보시스템'일 뿐 사실상 정교한 교사 통제 프로그램인 나이스(NEIS)가 도입되었고, 2006년에는 교원평가가 도입되었다. 화살은 교사들만을 향한 것도 아니었다. 교육계 안팎에서 '학교 붕괴' '교육 불가능성' 같은 담론이 난무했다. 그 어디에서도 승자의 여유와 축하는 찾아보기 어려웠다.

보수 쪽에서는 우리나라가 PISA에서 높은 성적을 보이는 것이 부지런하고 명민한 사교육 덕분이라며 공교육을 공격했다. 그러면서 공교육에도 경쟁 체제를 도입하지 않으면 조만간 순위가 떨어질 것이라며 불안감을 부추겼다. 반면 진보 쪽에서는 높은 성적이 그저 다른 나라에 비해 과중한 학습 노동 때문이며 학생들의 행복을 희생시킨 대가에 불과해 거론할 가치조차 없다고 그 결과를 평가절하했다.

이런 아이러니 속에서 교육계에 핀란드 열풍이 불었다. 핀란드는 2009년까지도 우리보다 앞서 있는 1등 나라였던 데다 사교육도 없고 경쟁도 심하지 않기에 보수와 진보 모두의 이상으로 여겨졌다. 진영을 막론하고 핀란드 교육을 배워야 한다고 주장했으며, 핀란드로 향하는 교육 순례단도 줄을 이었다. 물론 누구도 대놓고 말하지는 않았지만 이들이 핀란드에 주목한 이유는 PISA 점수가 우리보다 높았기 때문이었다. 당연히 핀란드의 순위가 우리보다 뚝 떨어져버린 PISA 2012 결과 발표 이후에는 핀란드 교육에 대한 관심과 열기가 완전히 식어버리고 말았다.

유독 1등이라는 순위에 집착하는 이런 호들갑 속에서 정작 PISA의 데이터를 다각도로 분석한 자료는 그동안 이상할 정도로 관심밖에 있었다. 정치권은 그렇다 치고 교육 전문가들조차도 '학생, 교사, 학습방법, 학습환경 등의 어떠어떠한 요인이 PISA 성취도 점수에 미치는 영향' 따위의 연구만 반복하고 있다. 이는 마치 선수들이 따오는 금메달에 열광한 나머지 경기력에만 관심이 쏠려 올림픽위원회에서 분석한 선수들의 건강, 행복, 그리고 스포츠계의 전반적인 구조나 제도의 문제점 등에 대한 유의미한 자료들을 등한시한 것과 같다. PISA는 이런 과열된 순위 경쟁을 우려하여 2006년 이후부터는 정확한 순위가 아니라 순위의 범위만 1~3등, 6~10등 같은 식으로 제공하고 있다. 그런데 우리나라 언론에서는 이를 기어코 점수 순서로 줄 세워 정밀한 순위를 매겨서 보도한다.

PISA가 이런 순위 경쟁을 우려하는 까닭은 애초에 PISA의 평가 목적이 참가국들의 교육 체제를 서로 비교하여 장점을 공유하고 단점을 개선하는 것이지, 어떤 하나의 지표를 기준으로 줄을 세우려는 것이 아니기 때문이다. PISA는 절대평가를 지향하는 평가이지, 상대적 순위를 가리는 평가가 아니다. PISA는 각 점수대별로 성취 기준을 설정하고 있다. 따라서 이 성취 기준에 도달하는 것이 목적이며, 참가국의 평균이 모두 OECD가 목표로 하고 있는 성취 기준에 도달했다면 사실상 나라들 간의 순위는 아무 의미가 없는 것이다.

전체적으로 보면 PISA 2012의 평균은 2000년보다 향상되어, 최하위권 평균이 이미 1회 때의 전체 평균을 상회하고 있다. 그래서 오히려 순위 외의 다른 요소인 학생들의 행복도, 최고득점자의 분포, 교육 형평성, 그리고 지난 10년간 평균점수 변동 추이 등에 더 많은 관심을 가져야 한다. 이를 위해서는 국가 간 평균점수 외에 PISA의 다양한 분석 자료들을 검토해야 하며, 무엇보다 PISA 평가가 지향하는 바를 이해해야 한다.

그래서 이 책은 어쩌면 읽기에 불편한 내용을 담고 있을 수도 있다. 그 내용들은 세계 교육의 흐름과 강제적인 학습 '노동' 또는 사교육의 우격다짐으로 이끌어온 우리나라 교육이 얼마나 엇박자인지, 그리고 우리 학생들의 탁월한 성취에 얼마나 슬픈 그림자가 감춰져 있는지를 보여줄 것이다.

지금의 현실을 보여주는 데 있어 무엇보다 중요한 것은 학부모를 비롯해 교육에 관심 있는 보통의 시민들도 이해할 수 있는 수준으로

PISA 자체와 그 의미, 시사점을 설명하는 것이다. 교육 개혁은 반드시 필요하지만 그 과정에서 학부모의 뜻을 추종하는 것도, 비전문가라고 무시하고 밀어붙이는 것도 올바른 방식이 아니다. 그들을 설득해야 한다. 전문가에게는 그런 노력을 해야 할 책임이 있다. 이것이바로 이 책을 쓰는 이유다.

하지만 설득은 강변한다고 해서 되는 것이 아니며, 인식을 같이 하는 데서 출발하는 것이다. 뜻 있는 교육자들을 가장 좌절시키는 것은입시 교육에 익숙한 학부모들의 저항이다. 이 책을 통해 세계 교육이어떤 방향으로 나아가고 있는지, 그래서 우리는 미래의 판을 어떻게짤 것인지에 대한 어느 정도의 비전을 공유할 수 있을 때 그 저항의벽을 뚫을 수 있을 것이다.


이 책은 기본적으로 OECD가 공개한 PISA 공식 보고서들을 분석하였다. 그런데 이 보고서들은 대단히 복잡한 통계학적 자료들로 가득하다. 소수의 전문가를 제외하면 이해하기 쉽지 않고 또 흥미도 없다. 따라서 가능하면 그 자료들을 최대한 일반적인 표현으로 풀어쓰기 위해 노력했다. 또 자연스러운 독해의 흐름을 끊는 각종 주석과 인용은 생략하고 자료의 출간년도만 밝혀두었다. 그래서 엄격한 학술서를 선호하는 독자들에게는 이 책이 매우 허술하게 보일 수도 있을 것이다. 보다 상세한 자료를 원하는 독자들은 OECD PISA 공식 사이트 (www.pisa.oecd.org)에서 이 책이 분석 자료로 삼은 다음의 보고서들을 직접 구해서 읽어보기 바란다. 모두 무료로 제공되고 있다. 또 통계학에 능한 독자라면 PISA의 원자료(raw data)도 무료로 열려 있으니 이를 이용하여 직접 다양한 통계 분석을 실시할 수도 있을 것이다. 이 책에서 인용된 자료는 다음과 같다.

- OECD, UNESCO, Literacy Skills for the World of Tomorrow : Further Results from PISA 2000(2003)
- OECD, Learning for Tomorrow's World : First Results from PISA 2003(2004)
- OECD, PISA 2006 Science Competencies for Tomorrow's World(2007)
- OECD, PISA 2009 Results : What Students Know and Can Do(2010)
- OECD, PISA 2012 Results : What Students Know and Can Do(2013)
- OECD, OECD Skills Outlook 2013 : First Results from the Survey of Adult Skills(2014)

## 차례

# 1

# PISA를
# 말하다

# PISA의 목적은
# 교육이 아니다?

3년마다 대한민국 교육계는 긴장 상태에 빠진다. 경제협력개발기구 (OECD)에서 시행하는 PISA라는 평가 프로그램 때문이다. 진보, 보수를 막론하고 이대로는 다음 PISA에서 좋은 결과를 기대할 수 없다며 자기들에게 교육을 맡겨야 한다고 주장한다. 일반 국민들도 PISA라는 용어까지는 모르더라도 적어도 '국제 학업성취도평가'라는 말로는 알고 있고, 막연하게 핀란드와 우리나라가 선두를 다투고 있다 정도로 알고 있는 경우도 많다. 그러나 정작 PISA가 무엇인지, 그리고 왜 3년마다 여러 나라들이 이런 평가를 실시하는지에 대해서는 의외로 알려져 있지 않다.

흔히 사용되는 용어인 '국제 학업성취도평가'라는 말대로라면 PISA의 의미는 간단하다. 학업성취도평가는 교육과정이 목표로 하는 지식과 기능을 학생들이 어느 수준까지 획득했는지 평가하는 것이다. 즉 얼마나 많이 알고 잘하는지 평가한다는 의미다. 여기에 '국제'가 붙었으니, 세계 여러 나라 학생들의 학업성취도를 서로 비교하겠다는 것이다. 흔히 일제고사 논란을 일으킨 우리나라의 전국 수준 학업성취도평가의 국제 버전이라고 할 수 있다.

그런데 PISA를 학업성취도평가로 보기 어렵게 만드는 문제가 있다. 학업성취도평가라는 말을 쓰려면 도달해야 할 목표 지점이 있어야 하고, 그 목표에 얼마나 도달했는지를 성취도로 측정해야 한다. 또 '국제' 학업성취도평가가 가능하려면 참가국의 교육 목표가 모두 같아야 한다. 우리나라에서 일제고사 방식으로 시도 간의 학생 학업성취도를 비교할 수 있는 까닭은 전국 모든 학교가 통일된 국가 수준 교육과정에 의해 같은 교과와 같은 내용을 가르치고 있고, 따라서 도달해야 할 목표지점도 모두 동일하기 때문이다. 하지만 세계 수준 교육과정이라는 것은 존재하지 않는다. 마찬가지로 합의된 세계 교육 목표 따위도 물론 존재하지 않는다.

PISA에 참가한 나라들은 저마다 독자적인 교육과정을 가지고 있으며, 저마다 독자적인 교육 목표를 가지고 있다. 따라서 측정하고자 하는 학업성취도의 내용도 서로 다르다. 언뜻 겉으로 보면 대체로 비슷한 교과처럼 보이는 경우가 많지만 구체적인 내용은 같은 이름의 교과라 하더라도 나라마다 상당히 다르다.

사회과의 예를 들면 우리나라는 중학교 1학년 때 벌써 경제학의 기본 원리를 배우지만, 홍콩을 비롯한 많은 나라에서 경제학은 고등학교나 되어야 등장한다. 따라서 만 15세를 대상으로 하는 성취도 평가라면 우리나라에서는 경제학적 내용이 나와도 상관없지만, 대부분의 다른 나라에서 이는 평가 범위를 벗어난 게 된다. 수학의 경우에도 우리나라의 교육과정이 미국이나 유럽보다 1∼2년 빠른 편이다. 심지어 미국의 중학교 3학년이 배우는 내용을 우리나라는 초등학교 6학년 때 배우는 경우도 드물지 않다.

이렇게 서로 다른 교육과정과 교육 목표, 그리고 교과내용을 가진 나라들을 대상으로 어떻게 단일한 학업성취도를 평가할 수 있을까? 모든 나라의 교집합에서 학업성취도를 측정하는 것은 매우 어려우며, 더구나 이들 나라를 서로 비교한다는 것은 부당하기까지 하다.

물론 민족과 국가가 달라도 민주주의, 평화, 환경처럼 대부분의 나라가 동의하는 가치가 있을 수 있다. 따라서 '15세가 되면 반드시 알아야 할 것, 할 수 있어야 할 것'의 목록을 작성한 뒤, 이것을 기반으로 세계 여러 나라의 학생들이 15세가 된 시점에 그 목록에 포함된 지식과 기능을 얼마나 알고 수행할 수 있는지 평가할 수도 있을 것이다. 하지만 이 역시 학업성취도평가와는 거리가 멀다. 평가 결과가 학생들의 학업성취도인지 아니면 각 나라 교육과정의 결과인지를 구별하기 어렵기 때문이다. 아무래도 각 나라의 교육과정과 공교육 체제의 타당성을 평가하는 것이 되기 쉽다. 나라마다 교육과정과 교육제도가 다른 상황에서 이루어지는 학업성취도평가는 결국 학교가 얼마나 잘 가르치고 학생이 얼마나 잘 배웠는지가 아니라, 학교가 제대로 된 것을 가르쳤는지 엉뚱한 것을 가르쳤는지에 대한 평가가 되어버리기 때문이다.

따라서 PISA를 '국제 학업성취도평가'라고 부르는 것은 상당히 문제가 많은 번역이다. 그럼 PISA를 무엇이라고 불러야 할까? 우선 원문을 보면 OECD Programme for International Student Assessment, 즉 '경제협력개발기구가 주관하는 국제 학생평가 프로그램'이라고 되어 있다. 그러니 간단히 'OECD 국제 학생평가'라고 번역하는 것이 가장 원래 의미에 가깝다. 하지만 워낙 국제 학업성취도평가라는 말을 많이 쓰기 때문에 이 책에서도 때로는 이 용어를 사용하기로 한다.

## 배운 것과 배울 능력은 다르다

용어 다음으로 따져볼 것은 이 평가를 대체 왜 하느냐 하는 것이다. PISA 결과에 따라 세계적인 대학에 입학할 자격을 주는 것도 아니고, 그렇다고 나라별로 순위를 매기는 것도 아닌데 말이다.

우리말로는 '평가'로 똑같이 번역되지만 영어는 여기에 해당하는 두 단어를 다른 의미로 사용한다. 'evaluation'과 'assessment'가 그것이다. 우선 evaluation은 문자 그대로 평가 대상의 가치를 측정하는 것이다. 평가 대상의 가치는 평가 시점에 사회적으로 유용하다고 여겨지는 속성을 얼마나 많이 가지고 있는가에 따라 결정된다. 따라서 evaluation에 가까운 평가에서는 과정이야 어찌 되었건 간에 현재 평가 대상이 능력이나 자질을 얼마나 갖추고 있는지 그 최종 결과를 측정할 뿐이다. 그래서 그 점수가 높으면 가치 있는 것이고 낮으면 가치 없는 것이다. 우리가 알고 있는 대부분의 선발고사가 바로 여기에 해당된다. 선발고사는 선발하고자 하는 분야에서 요구되는 가치를 얼마나 많이 가지고 있는지를 측정하는 것이다. 타고날 때부터 그 가치를 많이 가지고 있는 사람이나 노력을 통해 많이 가지게 된 사람이나 결과적으로는 차이가 없다.

그런데 evaluation의 가장 중요한 원칙은 같은 척도로 같은 가치를 측정해야 한다는 것이다. 가치가 높고 낮다는 것은 상대적 개념이기 때문에 어떤 기준에 비추어서 판별된다. 평가 대상이 모두 동일한 수단과 방법으로 측정되어 서로 비교 기준이 되어주지 않으면 이 평가는 사실상 무용지물이 된다는 의미다. 그 대표적인 방식이 모든 평가 대상자들에게 동일한 문제지를 풀게 하여 그 득점으로 순위를 가리는 시험(test)이다.

예컨대 미국의 SAT(Scholarship Aptitude Test)나 이것을 그대로 번역한 우리나라의 대학수학능력평가가 여기에 속한다(이들을 통칭하여 수능이라 부름). 수능은 학생들이 어떤 과정으로 공부했는지, 또 학생들이 장차 무엇을 할 수 있는지 등에 대해서는 관심이 없다. 수능이 관심을 두는 것은 적어도 대학생이라고 불리려면 갖춰야 할 지식과 기능을 학생들이 지금 갖추고 있는지, 그리고 얼마나 갖추고 있는지 측정하는 것뿐이다.

평가를 의미하는 또 다른 영어 단어로는 assessment가 있다. 교육학에서 사용하는 평가가 대개 여기에 속한다. assessment는 평가 대상이 현재 갖추고 있는 가치의 양이 아니라, 그러한 가치를 획득하는 과정이 제대로 운영되는지를 파악하는 것을 목적으로 한다. 한마디로 피드백을 받기 위해 평가하는 것이다. 따라서 assessment는 학생들의 점수를 서로 비교해서 순위를 가리는 것이 아니라 학습이 잘 이루어지고 있는지, 그리고 현재 학생이 학습을 할 수 있는 상태인지, 혹은 어느 정도 수준의 학습을 할 수 있는 상태인지, 더 나은 학습을 위해 필요한 것이 무엇인지 등을 알아보고자 하는 것이다. 흔히 말하는 형성평가와 진단평가가 바로 여기에 해당된다.

이 중 형성평가란 현재 교육이 어떻게 진행되고 있는지에 대한 정보와 피드백을 얻기 위해 주로 교사 혹은 교육을 담당하는 쪽에서 실시하는 평가다. 따라서 엄밀히 말하면 형성평가의 평가 대상은 학생이 아니라 교육기관, 교육 프로그램, 혹은 교사다. 형성평가 결과가 저조하면 이는 학생의 학습이 부진하다기보다는 교사의 교육 방법이 잘못되었거나, 교육 프로그램 및 교육기관이 효과적이지 못한 것으로 받아들여진다. 따라서 형성평가는 '시험'과 달리 최종 득점보다 각 요소의 디테일에 관심을 기울인다. 말하자면 총점이 70점이라는 것뿐 아니라 어떤 부분에서 70점을 득점했고, 어떤 부분에서 30점이 감점되었는지가 더 중요한 정보인 것이다. 교육자들은 그 데이터를 가지고 부족한 부분의 교육 프로그램이나 방법을 보강할 수 있다.

진단평가는 '진단'이라는 말 그대로 학생이 어떤 상태에 있는가를 살펴보기 위한 평가다. 진단평가는 주로 학습을 시작하기 전에 학생의 상태, 학습에 대한 준비 정도 등을 확인하는 것이 목적이다. 이 역시 교사가 적절한 학습 내용과 학습 방법을 준비하기 위한 자료를 얻는 게 목적이지 학생의 학습 결과, 즉 성취도를 평가하는 것은 아니다. 진단평가의 결과를 바탕으로 교사나 교육기관은 학생들에게 어떤 수준의 어떤 교육 프로그램을 적용할지 결정하게 된다. 오래전 고등학교에 입학할 때 치렀던 반 배치고사나 학원에서 실시하는 수준별 테스트가 원시적인 형태의 진단평가라고 할 수 있다.

한편 최근에 부쩍 강조되기 시작한 역량평가 역시 assessment의 일종이다. 역량평가는 형성평가나 진단평가보다 훨씬 상위에 있는 평가로 개별 교과, 개별 지식, 개별 기능이 아니라 이 모두를 아우르는 능력 전반을 평가한다. 예컨대 IQ로 대변되는 지능검사가 본격적인 역량평가로서 가장 오래된 역사를 가지고 있다. 지능검사는 지금 평가 대상자가 무엇을 알고 있는가를 평가하는 것이 아니라 앞으로 지적인 작업을 할 수 있는 능력이 얼마나 되는지를 평가한다. 조선시대 과거시험에서 '행정실무'나 '경국대전' 과목 따위를 평가하지 않고 일종의 논술이나 백일장 같은 시험을 쳤던 것도 평가 대상만 놓고 봤을 때는 명백히 역량평가라고 할 수 있다. 관료로서 현재 준비되어 있는 기능을 평가하는 것이 아니라 앞으로 훌륭한 관료로 성장할 잠재 역량을 평가하기 위해 실무가 아닌 전반적인 교양과 사고력을 평가한 것이기 때문이다.

오늘날에는 사람의 가치 있는 역량이 꼭 지능으로 환원되지는 않는다는 것이 정설이다. 따라서 지능검사 외에도 다양한 유형의 역량평가가 개발되어 있다. 이를 교육학 용어로 '메타인지 수준의 평가'라고 한다. 무엇을 알고 있는지 평가하는 수준을 넘어 '알 수 있는 능력' 그 자체를 평가한다는 것이다.

지금은 많이 망가졌지만 우리나라의 대학수학능력평가도 원래는 이름에서 알 수 있듯이 능력을 평가하는 역량평가로 출발하였다. 수능 이전의 대학입학시험은 학력고사라고 하여 고등학교 교과를 얼마나 잘 배웠는지 평가하던, 문자 그대로 시험이었다. 그런데 수능은 교과의 벽을 허문 뒤 메타적으로 학생의 학업 역량을 평가하겠다는 야심을 품고 출발했다. 당시 수능 개발자는 "시험만 치고 나면 잊어버릴 지식이 아니라 지식을 얻는 과정에서 향상된 능력을 평가한다. 수능은 나이를 먹을수록, 재수를 할수록 더 높은 점수를 받을 수밖에 없다. 왜냐하면 인생을 더 산 만큼 확장된 역량이 반영되기 때문"이라며 수능의 특징을 설명했다. 그러나 얼마 지나지 않아 수능은 일종의 학업성취도평가로 변질되었고 지금은 그 수준도 못 되는 교육방송(EBS) 문제집 암기 평가로 전락하고 말았다.

## PISA의 목적은 교육이 아니라 경제다

자, 이제 다시 PISA로 돌아오자. PISA는 일단 assessment다. PISA는 학생의 학습 결과나 현재 보유하고 있는 기능과 지식을 평가하지 않는다. 그렇다면 PISA는 무엇을 평가하는가? 2002년에 발간된 PISA의 첫 번째 공식 보고서에 따르면 PISA는 '학습 결과'가 아니라 '학습할 능력'을 평가한다. PISA 2000 보고서의 머리말은 PISA의 주체, 대상, 목적을 가장 간결하게 보여주고 있다.

이 평가의 주어는 경제협력개발기구다. 이 점에 주목해야 한다. OECD는 흔히 선진국 클럽이라고 알려져 있지만, 선진국 정상들이 세계의 전반적인 문제를 다루는 기구가 아니다. OECD는 경제 발전을 위한 선진국 간의 다양한 협력을 끌어내는 것이 목적인 국제기구로 명백한 경제기구다. 게다가 전 세계 200개가 넘는 국가들 중 OECD 회원국은 겨우 32개국에 불과하다. 따라서 OECD가 수행하는 여러 연구나 사업은 아무리 보편적인 근거를 가져다 붙인다 하더라도 선진국들이 경제적 이익의 관점이라는 좁은 목적에서 수행할 가능성이 크기 때문에 그 이면을 의심할 필요가 있다.

물론 PISA에 이들 32개국만 참가하는 것은 아니다. PISA는 포괄성을 확보하기 위해 비회원국들도 다수 참가하도록 하고 있다. 여기에 참가하는 비회원국들 중에는 회원국은 아니지만 OECD 평균보다 높은 경제적 지위를 가지고 있는 신흥국들(대만, 싱가포르, 홍콩, 마카오), 그리고 자원해서 참가한 몇몇 개발도상국과 동유럽 나라들이 있다. 하지만 이를 모두 따져도 최대 70여 개국에 불과해 세계 전체를 대표한다고 보기는 어렵다. 게다가 개발도상국 인구의 절대 다수를 차지하는 중국과 인도도 빠져 있다. 특히 중국은 오직 상하이 시만 참가하는 데, 상하이에서 학교를 다닌다는 것 자체가 정부의 허가를 받아야 할 정도로 엄청난 특권이어서 상하이가 중국을 대표한다고 보기는 어렵다. 우리나라에서 강남구만 참가하는 것과 마찬가지기 때문이다.

그럼에도 불구하고 PISA가 역사상 가장 많은 나라들을 대상으로 가장 폭넓은 영역에 걸쳐 자료를 수집한 교육연구인 것은 분명하다. 때문에 여기서 수집된 자료를 무시하거나 선진국만의 경제 논리라고 폄하할 일은 아니다. 하지만 OECD는 교육을 담당하는 국제기구가 아니며, 교육 문제에 관한 누적된 노하우도 부족하다는 점은 계속 염두에 두어야 한다.

사실 OECD는 1997년 이전까지 교육에 큰 관심을 보인 적이 없었다. 원래 교육을 담당하는 국제기구는 알려진 대로 국제연합 교육과학문화기구, 즉 유네스코(UNESCO)다. 만약 PISA의 목적이 세계 여러 나라의 공교육 체제를 진단하고 교육 개혁을 위한 권고안을 만드는 것이었다면 192개의 회원국으로 전 세계를 대표할 수 있고, 조직도 교육전문가들로 구성된 유네스코가 이를 주관하는 것이 당연했을 것이다. 하지만 OECD가 이 프로그램을 주관하고 있다는 것은 애초에 PISA의 목적이 교육이 아니라 경제에 있었음을 보여준다.

PISA 사무국은 교육의 목적이 경제 발전에 기여하는 것이라는 생각을 당연하게 전제하고 있다. 교육은 세 가지 측면에서 경제 발전에 기여한다. 첫째, 양질의 숙련된 노동력을 제공한다. 둘째, 갈수록 경제적 가치가 중요해지는 지식의 인프라를 확충할 수 있다. 셋째, 경제적으로 합리적인 판단을 할 수 있는 시민(소비자)을 양성함으로써 내수 시장을 확대하고 안정시킬 수 있다.

특히 교육은 흔히 양질의 숙련된 노동력을 대량으로 확보할 수 있게 함으로써(즉 기업이 저임금으로 훌륭한 노동자를 고용할 수 있게 됨으로써) 빠르게 경제 성장을 할 수 있었던 동아시아 성장 모델의 원동력으로 여겨진다. 동아시아 나라들은 라틴아메리카와 달리 처음부터 국가가 책임지는 보편교육을 지향하였다. 양질의 노동력을 국가가 책임지고 생산하는 체제를 구축함으로써 자원과 자본의 부족이라는 한계에도 불구하고 빠르게 남미 국가들을 추월하여 유럽과 어깨를 나란히 하게 되었던 것이다. 그래서 개발도상국의 경제 성장 계획에서 빠지지 않는 것이 바로 교육 '투자'다.

PISA가 경제적 목적을 가지고 있다는 것은 참가 단위가 국가가 아니라는 점을 통해서도 확인된다. 우리는 편의상 참가국이라고 부르지만 실제로 PISA의 참가 단위는 국가가 아니라 경제권이다. 여기서 말하는 경제란 살림살이를 말하는 게 아니다. 국가가 주권이 미치는 범위를 말한다면 경제권이란 시장의 범위, 독자적인 통화(화폐)를 사용하는 범위를 말한다. 예컨대 홍콩이나 마카오는 공식적으로는 국가가 아니지만, 중국 본토와는 별도의 경제 단위를 이루고 독자적인 통화와 경제정책을 운용하고 있으므로 하나의 독립적인 경제권으로 친다. PISA 보고서에서 대한민국, 일본, 대만 등으로 표현된 것은 엄밀히 말하면 '국가'가 아니라 '경제권'이다. 만약 제주특별자치구가 '한라'라는 독자적인 화폐를 사용하고 있다면, 제주 역시 하나의 경제 단위로서 PISA 참가국 명단에 올랐을 것이다. 이런 점들을 감안하면 PISA 는 학생을 평가하는 프로그램이지만, 그 목적이 교육적이라기보다 경 제적임은 매우 분명하다.

# 만 15세,
# 자본으로서의 인간

PISA는 왜 만 15세(이하 모든 연령은 만으로 계산)를 평가 대상으로 할까? 그 까닭은 OECD 국가들 대부분이 15세까지 의무교육을 실시하고 있기 때문이다. 15세가 되었다는 것, 즉 중학교를 졸업한다는 것은 특별한 경우가 아닌 한 대부분의 나라에서 의무교육을 마쳤다는 뜻이다. PISA는 15세까지를 국가가 책임져야 하는 교육, 그 이후는 학생들이 스스로 판단하고 선택하는(심지어 더 이상 학교를 다니지 않는 선택지까지도 자유롭게 택할 수 있는) 교육으로 보고 있다. 이는 PISA가 만 15세의 학생들을 '공교육이 끝나가는 무렵의 젊은 성인'이라고 규정하고 있음을 통해 명백하게 확인할 수 있다. 우리의 생각으로 고등학생은 당연히 학생이자 청소년인 것 같지만 PISA는 15세에 이르면 성인이 되었다고 보는 것이다. 따라서 고등학교는 보편교육, 공교육의 범주에 들어가지 않는다. 고등학생(정확히는 고등학교 2학년인 16세) 정도의 나이가 되면 보살핌이 필요한 아이가 아니라 직업이냐 학교냐를 선택할 수 있는 '젊은 성인'이며, 이미 세상에서의 도전에 맞설 준비가 되어 있어야 한다고 보는 것이다. 실제로 우리나라에서는 대부분의 청소년이 고등학교에 진학하고, 또 고등학교에서 학생들을 취급하는 방식이 초등학교와 별 차이가 없기 때문에 이들이 성인이라는 생각이 어색하지만, 경제학에서는 15세라는 나이를 경계로 성인을 구별하는 방식이 낯설지 않다. 대부분의 경제학자들은 15세 이상 인구를 기준으로 실업률을 계산하기 때문이다.

의무교육이라는 말에는 교육에 대한 사회의 시선이 반영되어 있다. 대부분의 나라가 15세까지만 의무교육을 실시하는 까닭은 국가 입장에서 이 나이까지의 교육이면 국가가 할 일은 다했다고 여기기 때문이지 돈이 모자라서가 아니다.

의무교육은 대부분의 선진국에서 전액 세금으로 운영된다. 세금은 공공서비스를 받기 위해서가 아니라 국가라는 공동체의 구성원으로서 그 운영에 필요한 돈을 분담할 의무가 있기 때문에 납부하는 것이다. 따라서 "내가 세금을 냈는데 왜 이런저런 서비스를 못 받아?" 혹은 "내가 세금을 냈으니 응당 받아야 할 교육서비스를 제공하라" 같은 말은 공화국에서 성립될 수 없다. 만약 이런 말이 성립하려면 자녀가 전혀 없는 사람, 혹은 자녀 교육을 이미 마친 사람은 교육에 들어가는 세금을 내지 않아야 한다. 하지만 교육세는 교육을 받는지 여부와 관계없이 소득에 비례하여 모든 사람이 납부해야 하는 세금이다.

이는 교육이 서비스가 아니라 공공의 의무이기 때문이다. 다시 말해 교육은 국가가 시민에게 '서비스'하는 것이 아니라 오히려 시민이 의무적으로 부담해야 하는 것이라는 의미다.

특히 의무교육과 무상교육은 의미가 다르다. 예컨대 독일이나 북유럽 국가는 대학원까지 거의 무상으로 제공되지만 그렇다고 대학원까지를 의무교육이라 부르지는 않는다. 어느 수준까지의 교육을 무상으로 제공할 것인가와 무관하게 대부분의 국가에서는 초등학교 입학부터 9년간을 의무교육으로 정하고 있다. 따라서 의무교육 기간이 끝난 학생은 졸업 후 창업을 하건 취업을 하건, 아니면 상급학교로 진학을 하건 자유 의지에 따라 결정할 수 있는 성인으로 간주된다.

그런데 1990년대 이후 신자유주의가 득세하면서 사회의 모든 영역에 경제 논리, 시장 원리가 팽배하게 됐다. 시장경제를 지상 가치로 삼은 신자유주의 논리로는 모든 사람이 고객과 판매자, 수요자와 공급자일 뿐이다. 공공성은 신자유주의 노선에 따라 규제를 철폐하고 대대적인 민영화를 주장하며 노조를 탄압했던 마거릿 대처의 "사회라는 것이 어디에 존재하나요?"라는 질문과 함께 사라졌다.

신자유주의는 철저히 '인간자본론'에 입각해 교육을 바라본다. 교육에 투자된 결과는 경제적으로 측정 가능한 인간자본 형태의 산출로 나와야 한다는 것이다. 인간자본론은 사실 매우 연원이 깊은 이론이다. 이미 1970년대에도 교육을 인간자본론의 관점에서 보는 주장이 팽배했다. 우리나라 역시 1970년대에 '교육입국'이라는 표어를 내걸고 인간자본론에 몰두했었다. 교육을 인재 양성의 수단으로 보는 것은 어떤 형태든 인간자본론이다. 이른바 동아시아 경제 성장이라고 하는 것이 교육을 인적자본 생산 공장으로 활용한 결과임에 많은 사람들이 동의하고 있지 않은가?

물론 그 형태가 무엇인지는 국가, 기업, 학생(학부모)이 서로 다르다. 학생(주로 학부모) 입장에서는 세금을 냈으니 그만큼의 혹은 그 이상의 교육서비스를 받아야 한다고 생각한다. 학부모(주로 중산층)가 의무교육에 바라는 것은 자녀가 취업에 유리한 혹은 높은 소득을 보장하는 조건을 만들어주는 것이다. 이는 결국 자신(자녀)이 사회에 나갔을 때 많은 몸값을 받을 수 있는 능력과 스펙을 갖춰 달라는 요구로 귀결된다. 자녀에게 값비싼 노동력을 장착해 달라고 요구하는 것이다. 부모들은 자녀가 더 높은 가격을 가진 노동력으로 생산되기를, 좀 더 노골적으로 표현하면 입시에서 높은 성적을 올리기를 희망한다.

반면 인간자본론 입장에서 기업과 자본가는 공부 잘하는 학생이 아니라 어른이 되면 일 잘할 학생을 길러달라고 세금을 내는 것이다. 기업의 입장에서 인간자본은 결국 노동력이다. 그들은 막대한 세금을 낸 만큼 자신들을 위해 더 높은 생산성을 보여줄 양질의 노동력이 공급될 수 있기를 희망한다. 특히 대부분의 나라에서는 세금의 상당 부분을 기업 혹은 기업가와 배당소득자(자본가)들이 내기 마련이다. 그들은 막대한 세금을 낸 만큼 그 반대급부가 있어야 한다고 주장한다. 즉 생산요소가 원활하게 공급되도록 국가가 책임지라는 것이다. 기업이나 자본가에게 의무교육이란 가격 대비 높은 효율의 노동력을 공급받기 위한 거래다. 따라서 이 노동력은 성능이 우수해야 하며, 그럼에도 불구하고 대량으로 생산되어 가격은 낮아야 한다. 따라서 기업 입장에서 바라본 의무교육은 세금을 낸 것 이상으로 쓸 만한 노동자들이 계속해서 사회에 공급되는 것이다.

결국 어느 측면에서나 교육에서의 인간자본론은 노동력으로 귀결된다. 지난 20년 사이 인간자본론의 관점은 세계적으로 위상을 떨쳤다. 교육을 위해 납부한 세금은 공적 의무를 다한 것이 아니라 더 좋은 노동력으로 돌아오기를 희망하는 투자가 되어버린 것이다. 실제로 1990년대 이후 교육투자라는 말이 매우 공공연하게 사용되었다. 정부는 나랏돈에서 더 많은 부분을 교육에 투입할수록 노동생산성이 향상되어 국내총생산이 증대되기를 기대한다. 정부 역시 교육을 경제적 관점의 투자로 보는 것이다. 특히 김대중 대통령은 교육부의 명칭을 교육인적자원개발부로 개칭함으로써 인간자본론이 자신의 교육관임을 노골적으로 드러내었다. 그동안 익숙해진 교육부 이름을 차마 지울 수 없어 앞에 '교육'을 붙이고, 인간자본이라는 용어가 가져올 거부감 때문에 '인적자원'이라는 말을 사용했을 뿐, 이 부처의 실체가 결국 인간자본개발부임은 의미상 분명해 보인다. 교육을 담당하는 국가 부처의 이름이 이렇게 인간자본론의 성격을 노골적으로 드러낸 경우는 세계적으로도 찾아보기 힘들다.

투자의 기본은 투입한 자금보다 더 많은 돈을 회수하는 것이다. 이윤을 남겨야 한다는 의미다. 공식으로 표현하면 '투입 ⟨ 산출'이다. 그런데 투입은 얼마나 됐는지 분명하게 파악할 수 있는 반면, 산출은 미래형이다. 그래서 투자자들은 투입이 늘어나면 그만큼 산출도 늘어날 것이라는 확신을 심어주기 전에는 투입을 주저한다. 특히 산출이 매우 모호하고 추상적인 가치의 형태로 나타나는 교육, 문화 분야는 더욱 그렇다.

경제 논리에 따르면 산출을 명확하게 수치화, 계량화할 수 없어서 투입에 비해 늘었는지 줄었는지 확인하기 어려운 영역은 투자 위험이 큰 것으로 간주된다. 이런 영역은 투자 부적격 대상이거나, 차라리 투자가 아닌 일종의 기부로 이해되기까지 한다.

그래서 교육을 투자의 대상이 아니라 공공성을 가진 가치재로 간주했던 1980년대까지의 입장은 신자유주의자들에게 용납될 수 없었다. 철저히 인간자본론에 입각해서 교육은 투자 가치를 인정받거나, 그렇지 못하면 거기에 들어가는 투자가 축소되어야 했다. 1990년대 이후 세계 여러 나라에서 교육의 다양한 영역을 계량화, 수치화하는 기법들을 앞다투어 개발한 것도 같은 맥락이다. 교육의 결과를 계량화, 수치화하면 투입된 것에 비해 산출이 늘었는지 줄었는지 쉽게 파악할 수 있기 때문이다.

무식하게 일종의 학력평가 시험을 쳐서 그 점수로 교육 성과를 평가하는 방법도 있다. 해마다 학력평가를 실시하여 기준 미달의 학생이 많은 학교의 예산을 삭감하거나 심지어 학교를 폐쇄하기도 하는 미국의 '낙제학생 방지법(No Child Left Behind Act: NCLB)', 그리고 우리나라와 프랑스 등에서 실시된 국가 수준 학업성취도평가가 대표적이다.

하지만 근본적으로 인간자본론이 말하는 교육의 산출은 학생들의 학업성취가 아니다. 학교에서 가르치는 것, 국가의 교육과정을 충실히 이수한 것이 아니라 사회에서 필요로 하는 노동력을 갖추는 것이야 말로 신자유주의 시대의 교육 산출인 것이다.

또 노동력의 성격은 시대와 사회에 따라 변화한다. 따라서 노동력이라는 산출은 그 사회에서 필요로 하는 능력이라야 하고, 그 가치는 시대에 따라 달라진다. 따라서 국가 수준 학업성취도평가 점수가 아무리 점점 높아져도 기업 입장에서 쓸 만한 인재들이 점점 줄어든다면 그 교육투자는 실패로 판명된다. 실제로 학생들의 스펙이 높아지는 것과 별개로 기업에서는 "인재가 없다"는 볼멘소리가 나온다. 학생의 학업성취도와 기업이 요구하는 능력 간의 괴리는 노동 시장에서 계속 문제가 되었다. 그 이유는 다음 중 하나일 것이다.

1. 교육과정 자체가 전혀 엉뚱한 것을 가르치게 되어 있다. 그래서 기업이 요구하는 능력을 기르는 데 필요한 학습과 엇박자를 내고 있다.
2. 교육과정은 제대로인데 학교의 시스템, 교사의 역량 등에 문제가 있어 이것이 제대로 수행되지 못하고 있다.
3. 평가도구가 잘못되어 필요한 능력이 아니라 엉뚱한 능력을 측정하고 있다.

바로 여기에 PISA가 등장한 배경이 있다. 경제기구로서 OECD는 세계의 기업인들로부터 학생이 교육을 마쳤음에도 불구하고 기업이 필요로 하는 역량을 제대로 갖추지 못했다는 불만을 수합한 것이다. OECD는 각 나라의 공교육이 현재 그리고 미래에 필요한 역량을 길러주는 데 성공하고 있는지 평가하고 비교 분석할 필요성을 느꼈다. 그런데 지금까지 실시돼온 각종 학업성취도평가는 '무엇을 할 수 있는지'가 아니라 '무엇을 배웠는지'를 평가하는 도구이기 때문에 의미가 없었다. 따라서 새로운 평가 프로그램이 필요했고, 그것이 바로 OECD 국제 학생평가 프로그램, PISA였던 것이다. 요컨대 PISA는 교육의 관점에서 학력이 아니라, 경제의 관점에서 역량을 평가하는 것이다.

이런 배경을 이해하면 PISA의 평가 대상이 15세 학생이라는 점이 새삼 의미심장하게 다가온다. 15세는 경제학에서 '경제활동 인구'의 출발점으로 분류하는 연령이다. 그리고 대부분의 나라에서 아동 노동 금지·제한에 해당되지 않는 연령이다. 실제로 PISA는 16~25세 연령층을 '젊은 성인'이라고 부른다. 물론 대부분의 경우는 추가적인 학업을 선택하며, 15세부터 바로 창업이나 취업에 들어서는 경우는 많지 않다. 하지만 15세 이후부터는 학업 역시 각자 생각하는 진로를 위해 선택하는 일종의 투자다.

따라서 인적자본론의 입장에서 15세의 학생은 갓 완성된 상품인 셈이다. 모든 공장에서 생산라인의 제일 마지막에 품질 검사를 하듯, 15세의 학생 역시 평가가 필요하다. 하지만 이는 학교에서 배운 것을 얼마나 잘하거나 많이 아느냐에 관한 것이어서는 안 된다. 오히려 기업(PISA는 이를 에둘러 사회라고 표현한다)이 요구하는 능력, 그리고 그 능력을 계발할 수 있는 잠재력을 갖추었는지 여부라야 한다. 물론 이것이 민주시민성이 아니라 노동력 내지 생산 능력임은 자명하다.

PISA 결과를 바탕으로 정부는 공교육에 대한 투자의 성과를 판단할 수 있게 된다. 단순히 공부를 잘한다, 못한다가 아니라 공교육에 대한 투자가 그 나라의 총생산을 늘리는 데 기여할 수 있느냐 없느냐를 판단할 수 있게 되는 것이다.

또 앞서 말했듯이 투자는 이윤을 남기는 것을 목적으로 한다. 그러므로 가장 좋은 투자는 투입은 줄이면서 산출은 늘리는 것이다. 따라서 PISA는 공교육이 인적자원을 제대로 생산하는지뿐 아니라, 그 과정에서 비용을 절감하기 위한 기초자료를 수집하는 데도 사용될 수 있다. 한마디로 15세 학생들의 교육 성취와 관련된 다양한 지표를 개발하고, 이를 바탕으로 광범위한 계량적 자료를 수집하는 일은 인간자본론의 입장을 취한 기업과 정부의 입장에서 매우 긴요한 일이다.

# 패러다임의 전환

## 자본에서 지식으로

인적자본론에 따라 경제적 관점에서 교육이 중요했다면 평가 프로그램 역시 OECD가 결성되었을 때부터 꾸준히 진행되었어야 했다. OECD는 1948년에 설립된 기구이고, 1961년에 대략 오늘날과 같은 얼개를 갖추었으니 늦어도 1970년대에는 PISA 같은 프로그램이 운용되었어야 했다. 하지만 PISA가 등장하기 전까지 교육은 어디까지나 유네스코의 일이었고, 교육에 경제 논리를 들이대는 것은 매우 금기시 되었다.

유네스코가 교육을 바라보는 관점은 원칙적으로 기본권, 민주주의, 그리고 지속가능성이다. 물론 유네스코도 경제적 관점에서 교육을 통한 빈곤의 퇴치를 목표로 하고 있다. 하지만 그 이상으로 교육을 통한 문화 간의 대화와 이해, 세계 평화, 그리고 인간성의 전체적인 증진,

민주주의의 정착 등을 강조하고 있다. 즉 교육을 통한 인간적인, 사회적인, 경제적인 발전이 유네스코의 목표인 것이다.

OECD가 교육에 대해 이토록 대대적인 관심을 기울이고 교육 담론에 적극적으로 개입하기 시작한 것은 1990년대 이후의 일이다. 국제 학생평가 프로그램인 PISA는 1997년 개발이 시작되어 2000년에야 첫 평가가 실시되었다. 그렇다면 1997년을 전후한 시기에 교육에 적극적으로 관심을 보여야 할 정도로 중요한 경제적 계기가 있었다는 뜻이다. 즉 1997년 이전에는 교육이 OECD의 관심을 끌 만큼 중요한 경제적 이슈가 아니었으나, 이후에는 매우 중요한 이슈로 바뀌었다는 뜻이다.

1990년대 들어 경제 담론에는 산업혁명에 비견될 만한 근본적인 경제 구조 변화가 일어나고 있다는 주장이 힘을 얻기 시작했다. 미국의 사회학자 다니엘 벨은 1960년대에 이미 이런 변화를 예견했다 (Bell, 1960). 즉, 과학기술의 발전으로 지식과 정보가 중요해지는 탈산업사회에서 노동과 자본 등 계급 논리에 입각한 이데올로기는 점차 설 자리를 잃게 된다는 것이다. 이런 후기 산업사회에서는 과학과 기술, 지식과 정보가 더욱 중요해진다. 이런 예견은 1980년대 엘빈 토플러의 《제3의 물결》(Toffler, 1987)이나, 1990년대 제러미 리프킨의 《노동의 종말》(Rifkin, 1995)에서 계승되고, 발전되었다.

그때만 해도 '미래학'이라 불리던 이런 주장들은 불과 10여 년 사이에 '현실 분석'으로 바뀌었다. 변화는 벼락같이 다가왔다. 거대한 연구소에나 있는 것으로 여겨지던 컴퓨터가 일반 가정의 책상 위에 올라온 것은 그야말로 순식간이었다. 그리고 외따로 떨어져 있던 이 컴퓨터들이 서로 복잡한 네트워크로 연결되어 전 세계 수십억 명의 사람들이 실시간으로 정보를 공유하게 되기까지는 다시 10년이 채 걸리지 않았다. 이런 일련의 변동은 주로 정보통신기술의 발달을 매개로 이루어졌기 때문에 흔히 정보화혁명, 네트워크혁명이라고 불렸다.

OECD는 이를 '패러다임 전환'이라 명명했다. 생산의 기본이 되는 토대가 역사상 세 번 바뀌어 왔으며, 이번이 그 세 번째 변화라는 것이다.

## 3차 패러다임, 지식이 성장을 이끈다

생산에서 가장 중요한 요소는 경제학개론에도 나오듯이 토지, 노동, 자본이다. 여기서 토지란 자연자원을 말한다. 인간은 노동과 자본을 적절히 조직하여 자연을 다루면서 생산 활동을 해 왔고, 이 생산 활동이 모든 정치, 문화 활동의 근본적인 토대가 되었다. 따라서 이 생산 활동에서 발생하는 근본적인 변화는 다른 모든 영역의 변화를 가져올 수밖에 없다. 패러다임 교체가 일어나는 것이다.

OECD는 21세기의 생산요소를 노동, 자본, 지식으로 세분화하였다. 여기서 말하는 노동이란 개인 간의 차이 없이 시간으로만 계산되는 인간의 힘을 의미한다. 신체 노동이든 정신 노동이든 노력과 시간만으로 환원 가능한 일은 모두 노동이다. 한편 자본이란 뭉칫돈을 말하는 것이 아니다. 자본이라는 말에서 뭉칫돈을 연상하는 까닭은 오늘날의 자본인 공장의 각종 설비, 시설, 유통망, 그리고 생산에 필요한 원료와 에너지를 갖추기 위해 개인은 상상도 할 수 없는 엄청난 자금이 필요하기 때문이다. 하지만 자본은 그를 포함하여 이미 생산된 것들 가운데 더 많은 생산을 위해 활용되는 도구, 혹은 그러한 도구를 만들기 위해 사용되는 것을 통칭한다. 마지막으로 지식이란 자연에 대한 지식은 물론 노동과 자본을 보다 효율적으로 사용할 수 있는 아이디어, 나아가 새로운 노동과 자본에 대한 아이디어 등을 모두 이르는 말이다.

당연하지만 이 세 가지 생산요소는 노동-자본-지식순으로 발생한다. 사람들은 단순한 일을 통해 노동의 결과를 얻었고, 그를 기반으로 다양한 자본을 축적했으며, 축적된 자본을 활용하는 다양한 생각, 즉 지식을 생산에 투입했다. 이렇게 인류의 최초의 생산은 노동이 자본을, 자본이 지식을 생산하는 방식으로 진행되었다. OECD는 이를 1차 패러다임이라 부른다. 이 1차 패러다임 시대에서 가장 중요한 생산요소는 노동이다. 따라서 어린이들을 튼튼한 성인으로 길러내는 양육이 교육보다 중요했다. 교육은 매우 특수한 계층에게만 필요한 일종의 사치품이었다. 이 시대에는 인구가 부강한 나라의 상징이었다. 많은 인구는 곧 높은 생산력을 의미했다. 물론 이 인구들은 읽을 필요도 쓸 필요도 없었으며, 다만 힘만 쓰면 되었다.

그런데 우리가 흔히 산업혁명이라고 부르는 사건은 자본과 노동의 순서를 바꾸어놓았다. 생산의 우선순위가 노동이 아니라 각종 기계와 설비, 즉 자본이 된 것이다. 이러한 기계와 설비를 관리하고 제작하고 발명하는 데 필요한 지식이 매우 중요해진 것은 당연하다. 기술과 과학이 만나 과학기술이 된 것이다. 과학기술을 통해 만들어진 대규모의 생산설비는 인간 노동자와 결합해 근대 자본주의의 시작을 알렸다. 이 과정에서 노동의 가치는 부차적인 것으로 전락했다.

대량생산 시기의 노동은 1차 패러다임 때처럼 단지 팔다리만 튼튼하면 되는 그런 노동이 아니었다. 기술을 다룰 수 있는 최소한의 지식이 필요했다. 기계와 함께 노동을 하려면 적어도 기계 작동법은 읽을 수 있어야 했던 것이다. 또 생산 리듬이 사람의 몸이 아니라 기계의 시스템에 맞춰지기 때문에 노동자는 자신이 편한 방식으로 일하기보다 정해진 시간표에 따라 움직이도록 훈육되어야 했다.

2차 패러다임의 생산구조는 곧장 교육 현장에도 이식되었다. 공장에서 일할 노동자를 생산하는 것이 바로 근대 공교육의 역할이었던 것이다. 근대 공교육의 목적은 지식을 창출하는 사람들을 길러내는 것이 아니라 만들어진 지식을 빨리 익혀서 기계를 조작하고 각종 업무를 수행하며 근면하게 일하는 근대 노동자를 길러내는 것이다. 동아시아 성장 모델에서 교육투자가 효과를 거둔 것도 창의적인 인재를 길러냈다기보다는 빠른 시간에 엄청난 인구를 근면한 노동자로 양성해 낸 결과다. OECD가 이때만 해도 교육에 큰 관심을 가지지 않은 까닭이 여기에 있다. 이 시대의 공교육이라 함은 그저 읽고, 쓰고, 계산할 줄만 알면 되는 훈련된 노동자를 기르는 것이었기 때문에, 교육지표라 해도 문맹률 정도면 충분했다. PISA처럼 복잡한 평가지표까지는 필요하지 않았던 것이다.

그런데 지식·정보 혁명은 생산구조를 다시 뒤집어놓았다. 대부분의 기계 설비는 다양한 사업장에서 널리 쓰일 수 있도록 범용화·표준화 되었다. 이제 그것을 제작하기 위해 엄청난 기술과 자본을 투입할 필요가 없어진 것이다. 이런 변화는 근대 산업사회의 상징이었던 제철소가 유럽과 미국에서 사양 산업이 되고 아시아나 라틴아메리카 등 제3세계로 넘어가는 순간 예견된 것이었다. 더구나 세계화가 급속히 진행되면서 자본에 관한 한 전 세계가 거의 평준화되었다. 투자할 만하다고 여겨지면 언제든지 전 세계에서 자본이 몰려드는 3차 패러다임의 시대가 되었다는 뜻이다.

이제 문제는 그 투자할 만한 아이디어를 어떻게 창출하느냐 하는 것이다. 따라서 생산의 중심은 자본에서 지식으로 넘어가게 되었다. 아이디어가 창출되고, 그를 중심으로 일하고자 하는 사람들, 즉 노동이 집결되면 자본은 어차피 흘러들어올 수밖에 없는 것이다.

## 지식은 혼자서 만드는 게 아니다

그런데 지식이란 창조적인 천재 한 사람의 번뜩이는 영감만으로 생겨나는 것이 아니다. 지식은 많은 사람들의 협력 과정에서 창출된다. 이때 협력하는 사람들이 모두 비슷하면 그저 관행에 따라 하던 일을 반복할 가능성이 높다. 다양한 사람들이 모일수록, 서로 이질적인 개인이 모일수록 창출되는 지식은 더욱더 창조적이다. 돈 탭스콧은 이를 집단지성이 만들어낸 백과사전 위키피디아(wikipedia)와 경제를 뜻하는 이코노믹스(economics)와 결합하여 위키노믹스(wikinomics)란

말로 정리하였다(Tapscott, 2006).

이코노믹스 시대는 하나의 아이디어가 대규모의 생산설비를 통해 구현되어 대량으로 생산되고 소비되는 시대였다. 대량의 생산설비에 투입된 자본은 이윤을 거둘 때까지 다시 회수하기도 어려웠다. 때문에 아이디어는 공유되기보다 회사 내부의 비밀로 철저히 감춰졌다. 또 일사불란한 대량생산 시스템을 위해 생산의 모든 과정은 철저히 중앙집권적이고 수직적인 조직에 의해 통제되었다.

그러나 지식이 생산의 중심이 된 시대에는 누가 더 빨리, 더 많은 지식을 창출해 내느냐에 따라 성패가 좌우된다. 과거의 폐쇄적이고 경직된 구조로는 변화에 적응하기 어렵다. 빠른 의사결정과 아이디어 창출을 위해 조직의 권한은 분산되고, 조직 내부와 외부의 경계도 느슨해지면서 개인들은 전 세계 불특정 다수와의 다양한 네트워크를 형성한다. 전방위적으로 연결된 거대한 네트워크 속에서 끊임없이 새로운 아이디어와 지식이 나타났다 사라지는 것이다.

3차 패러다임, 산업사회에서 지식정보사회로

| 패러다임의 전환 | | |
|---|---|---|
| 제조업 기반의 산업사회 | | ICT 기반의 지식사회 |
| 자본의 시대 | | 지식의 시대 |
| 중앙 집중의 시대 | | 분권화의 시대 |
| 소유의 시대 | | 공유의 시대 |

따라서 3차 패러다임이 시작된 시점에는 이 흐름에 적응하면 지속

가능하고 그렇지 않으면 침체되거나 몰락할 것이라는 전망이 지배적이었다. 이는 교육에 대한 경제계의 관점을 완전히 바꾸어놓았다. 2차 패러다임까지만 해도 공교육이 지식과 지시를 잘 숙지하고 근면하게 일할 수 있는 다수 노동자를 제공하고, 교육을 받은 소수 엘리트가 지식을 창출하는 체제였다. 독일이나 프랑스처럼 노골적인 분리형 학제는 아닐지라도 1990년대까지 세계 어느 나라나 이런 보통교육과 소수 수월성 교육이 맞물려 돌아가는 것이 일반적이었다.

그런데 이제 지식은 소수의 엘리트가 창출하는 것이 아니라 불특정 다수, 즉 집단지성 간의 네트워크 속에서 창출되는 것이다. 따라서 저 불특정의 다수가 단지 전달된 지식과 지시만 잘 숙지할 수 있는 수준의 사람들이어서는 곤란하다. 집단지성을 이루려면 다양성이 무엇보다 중요하고, 그래서 집단의 구성원들은 최대한 이질적이라야 한다. 그런데 서로 이질적인 사람들이 모여서 지식을 창출하려면 개인은 낯선 것들, 철저히 이질적인 것들을 접했을 때 이를 이해하고 자기 것으로 만들어서 현재 상황에 적용시킬 수 있어야 한다. 즉 능동적인 학습 능력이 필요하다는 뜻이다.

우리나라에서 기형적으로 받아들여져 1990년대부터 갑자기 유행처럼 퍼진 '자기주도 학습'은 학생이 스스로 문제집 풀고, 교과서 정리하는 그런 공부를 말하는 것이 아니다. 낯선 것, 익숙하지 않은 것을 마주쳤을 때 그것을 자기 것으로 만들어낼 수 있는 능력을 말하는 것이다. 이런 사람들이 불특정 다수를 이루는 나라라면 이들이 네트워크를 통해 만나는 지점에서 지식이 스파크처럼 창출될 것이며, 그것이 곧 생산력이다.

하지만 이제까지 근대 공교육은 소수 엘리트를 제외한 나머지를 다 같은 노동자로 길러내는 교육이었다. 공교육은 사실상 표준화된 노동자들을 대량생산하는 근대 산업사회의 공장이나 다름없었으며, 학생은 물론 교사들마저 주어진 지침에 철저히 따라야 했다. 교육과정에 따라 교과서대로 가르쳐야 했던 것이다. 배움과 가르침의 결과는 시험으로 확인되었다. 시험 역시도 사실상 학생들에게 주어진 지식에 전적으로 동의하고, 모두가 똑같은 사람이 되라는 강력한 압박이었다. 이미 1980년대 후반부터 세계 여러 나라에서 이 같은 교육으로는 미래에 대비할 수 없다는 위기감이 감돌았고, 각국은 1990년대 초반부터 저마다 교육 개혁에 착수했다.

2000년에 처음 실시된 PISA는 이런 생산구조의 변화와 그에 따른 위기감에 의한 것이었다. OECD는 회원국들이 이미 현실화된 3차 패러다임에 필요한 사람들, 즉 낯선 것들을 학습하고 새로운 지식을 창출할 능력을 갖춘 사람들을 배출할 준비가 되어 있는지, 어떤 나라가 거기에 성공하고 있으며 어떤 나라가 실패하고 있는지 점검하고자 한 것이다. 다시 말해 OECD는 지금의 공교육이 현재의 경제 패러다임에서 필요로 하는 노동력을 제공하는 데 유용한지 아닌지, 아니라면 어떻게 개선해야 하는지를 위한 기초자료를 수집하고자 했던 것이다. 우리는 PISA의 목적이 이전의 국제 학업평가와는 근본적으로 다름을 기억해야 한다.

## 2

# PISA를
# 들여다보다

PISA

# 무엇을
# 평가하는가?

## 21세기의 핵심역량

교육과정은 통상 '교육 목표-학습 목표-평가'로 이루어진다. 교육 목표란 교육을 통해 달성하고자 하는 인간의 모습을 말한다. 우리가 교육에서 말하는 민주시민, 홍익인간, 창의적 인재 등은 모두 교육 목표에 해당한다. 학습 목표는 그러한 인간을 기르는 데 필요한 구체적인 학습 내용을 의미한다. 평가는 교육과정과 동떨어져 이뤄지는 것이 아니라 이런 교육 목표와 학습 목표에 입각해 그것을 얼마나 달성했는지를 측정하는 것이다.

PISA도 평가 프로그램인 이상 당연히 그 배경에는 교육 목표, 학습 목표가 있어야 한다. 그런데 PISA에서는 그 순서가 바뀌었다. 평가를 먼저 하고, 그 뒤에 목표를 정의하는 작업이 이뤄졌던 것이다. 그 까닭은 OECD가 밝힌 바와 같이 PISA가 완결된 교육평가가 아니라 평가

지표를 21세기에 맞춰 개발하는 프로그램이기 때문이다. 또 학생들의 수준을 파악하고 현실을 진단하는 동시에 새로운 교육 목표를 설정할 수 있도록 자료를 수집할 필요도 있었다. 하지만 그렇다고 해도 여전히 평가 뒤에 교육 목표를 설정한다는 거꾸로 된 순서는 쉽게 납득하기 어렵다. 먼저 21세기 교육이 목표로 하는 학생들의 역량을 정의하고, 실제 교육 결과 학생들이 그 역량을 얼마나 갖추고 있는지 평가하는 것이 당연한 순서 아니겠는가?

OECD는 교육 목표에 해당하는 핵심역량을 정의하는 프로젝트도 함께 가동했다. 이것이 바로 '21세기 핵심역량 정의와 선택 프로젝트 (Definition and Selection of Competencies)', 흔히 줄여서 DeSeCo라고 부르는 것이다.

PISA는 3년에 한 번씩 공교육의 실태에 대한 토론거리를 던져줄 뿐이지만 DeSeCo는 공교육 자체의 의제를 설정한다. 따라서 DeSeCo의 결과는 어떤 형태로든 앞으로의 PISA 방향을 결정할 것이다. 물론 여기에 대해 자본의 세계화에 따른 교육과정의 문제, 즉 교육 통제를 세계적 수준으로 강화하는 것이라는 비판의 목소리도 있으며, 이를 가볍게 들어서도 안 된다.

우리나라에서 DeSeCo는 한편에서 뭔가 절박한 목표 같은 것으로, 그래서 당장 여기에 따르지 않으면 우리 교육이 세계적으로 낙후되어 버리는 것으로, 다른 한편에서는 교육을 시장화하고 경제 논리에 종

속시키려는 음모로 받아들여졌다. 이는 competencies를 '경쟁력'이라고 번역해서 빚어진 오해다. 우리는 경쟁이라고 하면 수단과 방법을 가리지 않고 소수만이 승리하는 비정함을 떠올리기 때문에 더더욱 경쟁력이라는 용어에 부정적으로 반응한다. 하지만 교육 목표라는 관점에서 볼 때 competencies란 경쟁에서 승리하는 능력을 뜻하는 게 아니다. 따라서 경쟁력보다는 차라리 역량이라는 용어가 보다 원래 의미에 가깝다.

그렇다면 역량은 무엇인가? OECD에서는 역량을 개인의 성공적인 삶과 사회의 원활한 기능을 위해 갖추어야 할 소양을 통칭하는 개념으로 사용하고 있다. 한마디로 역량이란 개인이 잘살고, 사회가 잘 돌아가기 위해 필요한 능력이다. 이 능력은 딱히 어떤 능력이라고 단정지을 수 있는 것이 아니다. 오히려 이런 능력의 범위는 무궁무진하고 그 내용 또한 매우 복잡하다. 필요한 능력은 사회마다, 개인이 처한 상황마다 다르기 때문이다.

그런데 공교육이 이런 모든 사정을 감안하여 디자인 될 수는 없다. 그렇기 때문에 무수히 많고 복잡한 능력들 가운데 가장 중요한 능력이 무엇인지 선정하고, 이 능력 간의 관계를 체계적으로 정리할 필요가 있다. DeSeCo의 목적이 바로 이것이다.

하지만 DeSeCo의 핵심역량이 무엇인지 살펴보기 전에 기억할 것이 있다. 우리나라는 항상 평가를 한다고 하면 평가에 필요한 것만 공부하면 된다는, 즉 시험에 나올 것만 공부하면 된다는 편향을 보여왔다. 그래서 DeSeCo가 나왔을 때도 PISA에 반영되는 핵심역량은 이

것인데 우리 교육은 정작 핵심역량 말고 엉뚱한 것들을 기르느라 시간을 낭비하고 있다는 목소리가 나왔다. 하지만 이는 핵심역량을 잘못 이해한 것이다.

핵심역량은 사회가 요구하는 역량의 최대공약수만을 선정한 것일 뿐, 그 자체로 추구해야 할 교육 목표가 될 수는 없다. 핵심역량이 21세기에 필요한 모든 역량들을 포괄할 수는 없기 때문이다. 시험에 나오지 않은 것들을 배운다고 해서 그것이 시간 낭비라고 생각해서는 곤란하다. 이 점을 상기하면서 DeSeCo의 핵심역량을 살펴보자.

먼저 핵심역량은 다음의 조건을 충족해야 한다.

- 사회와 개인에게 가치 있는 성과를 만들어내는 역량
- 가능한 다양한 상황에 적용될 수 있는 역량
- 전문가뿐 아니라 모든 사람들에게도 중요한 역량

이러한 조건을 충족한 역량은 결국 다음 세 가지 가운데 하나다. 이 세 범주들은 각각 독특한 목표를 가지고 서로 연관되어 있으며 핵심역량을 정의하고 엮는 기초를 이룬다.

## 1. 도구와 상호작용할 수 있는가?

원래 도구는 습득의 대상이며 활용의 대상이었다. 여기에는 기계, 공구, 소프트웨어, 기술, 지식, 언어 등이 모두 포함된다. 얼마 전까지만 해도 이러한 도구들을 얼마나 많이 다루고, 또 알고 있는가가 곧 역량과 같은 뜻이었다.

그러나 이제 이런 식의 접근은 별 도움이 되지 않는다. 인간은 환경이 바뀔 때마다 적절하게 도구를 바꾸면서 적응함으로써 유전자 자체가 바뀌어야 했던 다른 생물들보다 빠르게 변화에 적응할 수 있었다. 그런데 지금은 자연환경뿐 아니라 인간이 만들어놓은 인문환경의 변화에도 적응해야 한다. 이 인문환경은 인간이 만든 각종 도구들로 이루어진 세상이다. 환경에 적응하기 위해 만들었던 물질적·문화적 도구들이 적응해야 하는 또 다른 환경이 된 것이다. 더구나 정보통신기술이 발달한 사회일수록 도구를 새롭게 배우고 활용하지 않으면 새로운 물질문명에 적응하기 어렵다.

따라서 이제 개인은 도구의 세계에도 적응해야 하는데, 이는 자신과 도구를 함께 바꾸어나갈 수 있는 능력, 도구와 상호작용할 수 있는 능력을 요구한다. 도구와의 상호작용이란 도구의 속성과 기능에 대해 충분히 이해하고 이를 바탕으로 자신을 변화시키는 것은 물론 사용 방식을 적절히 바꾸거나 새로운 도구를 창출할 수 있는 능력을 말한다.

예컨대 19~20세기의 도구인 기계는 일하는 사람이 누구든 그 기계에 적응하면 되는 고정된 대상이었다. 그런데 21세기의 도구인 지식과 정보는 그것을 사용하는 사람에 따라 얼마든지 바뀔 수 있다. 도구와 인간의 상호작용이 이루어지는 것이다. 이제 사람들은 상황에 따라 지식과 정보를 다양하게 활용하고 새로운 지식과 정보를 창출하는 동시에 그 과정에서 자신들의 능력도 갱신하며 살아가야 한다.

PISA는 DeSeCo가 정한 핵심역량에 따라 학생들이 이런 준비가 되어 있는지를 평가하는 것이다.

## 2. 타인과 상호작용할 수 있는가?

앞에서도 말했지만 오늘날 지식은 고독한 천재가 만들어내는 것이 아니다. 그것은 이질적인 것들의 상호작용 속에서 창출된다. 따라서 다른 사람들과 상호작용할 수 있는 능력은 지식을 생산하는 데 바탕이 되는 중요한 역량이다.

이제 개인은 지속적이고 고정적인 조직이 아니라 네트워크 속에서 살아가야 한다. 세계는 점차 독립적으로 세분화하고, 끊임없이 새로운 조직이 만들어졌다 해체된다. 개인은 상황에 따라 이합집산하면서도 계속해서 타인과 관계를 유지해야 한다. 따라서 21세기에는 낯설고 이질적인 타인과 관계를 맺는 능력, 그리고 타인과 협력하는 능력, 마지막으로 이러한 공동 작업 속에서 발생할 수 있는 갈등을 관리하는 능력이 그 어느 때보다 중요해졌다.

## 3. 자기 중심을 잡을 수 있는가?

아무리 도구나 사회적 상호작용을 잘하더라도 그 안에서 자기 중심을 잘 잡는 것이 가장 중요하다. 그렇지 않으면 끊임없이 이어지는 상호작용의 네트워크 속에서 길을 잃어버리기 쉽다. 따라서 급변하는 세계의 흐름을 놓치지 않으면서도 나름대로 중심을 잡고 자신을 통제할 수 있는 능력도 핵심역량에 해당한다. 여기에는 즉흥적으로 행동하는 대신 상황 전체를 조망하고 큰 그림 속에서 행동할 수 있는 능력, 자신의 삶을 장기간에 걸쳐 계획하고 설계할 수 있는 능력, 그리고 자신의 권리 · 흥미 · 요구를 주장할 수 있는 능력이 포함된다.

결국 이 세 범주를 관통하는 것은 성찰적으로 생각하고 행동하는 것이다. 여기서 성찰이란 기존의 공식이나 방법을 답습하는 것이 아니라 경험을 통해 배우고, 변화를 다루며, 비판적으로 생각하고 행동하는 것을 말한다. OECD는 이 세 범주가 공통으로 목표하는 바를 '삶의 도전에 직면하기'라고 정의하였다. 복잡한 상황에서 낡은 관행을 답습하거나 그것을 회피하는 것이 아니라 자기 안팎의 자원을 적절히 활용하여 새롭게 대처해 가는 능력이 학생들에게 필요하며, 핵심역량은 이 능력을 구성하는 가장 기본적인 틀인 것이다.

그런데 OECD에서만 21세기 핵심역량을 정의하려고 시도한 것은 아니다. 국제기구나 국가기관이 아닌 민간기업들도 이런 시도에 앞장서고 있다. 마이크로소프트를 중심으로 한 대규모 민간 교육연구 프로젝트인 '21세기 핵심역량평가 및 교육 프로젝트(ATC21S, Assessment & Teaching of 21 Century Skills)'가 대표적이다. ATC21S는 단일 프로젝트로서는 역사상 최대 규모의 교육연구 프로젝트라고 한다. 이 프로젝트는 21세기 핵심역량을 다음의 네 가지 범주로 분류하였다.

### 1. 창의적이고 혁신적인가?

창의성은 모순이나 예외를 이해하고 받아들이는 데서 비롯된다. 또 익숙한 것들을 비판적으로 되돌아볼 때 가능하다. 창의성과 혁신은 저절로 생기는 것이 아니라 비판적 사고력, 문제해결 능력, 의사결정 능력, 학습에 대한 학습(메타학습) 등을 통해 창출된다.

### 2. 아이디어를 실행하고, 타인과 협력할 수 있는가?

창의적이고 혁신적인 아이디어가 있어도 이를 실행에 옮기는 것은 별개의 문제다. 여기에는 다른 사람들과 협력하여 작업하는 데 필요한 역량들이 포함된다. 구체적인 목록은 얼마든지 늘어날 수 있지만 대체로 의사소통 능력, 팀워크를 이루는 능력, 조직 내 갈등을 해결하는 능력, 리더십 등이 여기에 속한다.

### 3. 도구를 능숙하게 활용할 수 있는가?

아이디어를 창출하고 함께 작업할 팀까지 이루었다면 다음으로는 실제 작업 도구를 능숙하게 다루는 능력이 필요하다. 구체적인 도구가 무엇인지는 시대에 따라 다르다. 21세기에는 주로 PC나 태블릿, 스마트폰 같은 정보통신기기를 능숙하게 다루는 것을 이른다.

### 4. 세계 시민으로서의 자질을 갖추었는가? 노동과 삶을 조화시킬 수 있는가?

21세기에는 생활의 무대가 시공간의 한계를 넘어서게 된다. 이제 국가나 민족이라는 좁은 범위를 넘어 지구적 시민성을 갖추고, 전 세계에서 동료를 찾고 그들과 협력할 수 있는 능력이 필요하다. 또 일과 일상생활이 명확히 구분되던 20세기와 달리 그 경계가 모호하기 때문에 이를 조화시킬 수 있는 능력도 중요하다. 한마디로 자신의 삶을 잘 꾸려나갈 수 있는 모든 능력이 여기에 포함된다.

이렇게 정리해 보면 OECD나 민간기업이 정의한 핵심역량에는 큰 차이가 없음을 알 수 있다. 다만 후자는 기업이 직접 주도한 프로젝트인 만큼 아이디어를 창출하고 이를 실현해 내는 과정, 즉 상품을 개발하고 판매하는 과정의 연계가 도드라질 뿐이다. 그러나 자신의 삶을 관리할 수 있는 능력, 타인과의 협력, 그리고 정보통신기기를 능동적으로 활용하는 능력 등은 사실상 공통된다고 할 수 있다.


핵심역량이 무엇인지 어느 정도 윤곽을 잡았다면 다음으로 그 역량을 어떻게 함양할 것인지가 문제다. 그리고 현재의 교육 체제, 교육과정이 그러한 목표에 적합한가를 물어야 한다.

실제로 우리나라도 DeSeCo 이후 교육과정을 손보기 시작했다. 무엇을 배우는지가 중요했던 기존의 교육과정을 '내용 중심'으로 규정하고, 이를 '역량 중심' 교육과정으로 바꾸겠다고 공언한 상태다. 내용 중심 교육과정에서는 교육과정이 제시한 내용들, 그리고 이것을 구체화한 교과서가 중심이 된다. 그러나 역량 중심 교육과정에서는 DeSeCo에서 말한 상호작용이 중심에 놓이며, 학생과 교사는 이를 다양하게 재구성하고 재조합하면서 수업을 진행하게 된다. 따라서 교실이 100개면 교육과정도 100개가 나올 수 있어야 진정한 의미의 역량 중심 교육과정이라고 할 수 있다. 물론 우리나라에서 이런 교육과정이 과연 가능할지는 의문이지만 어쨌든 핵심역량 프로젝트가 공교육 체제에 영향을 주고 있음은 분명하다.

이쯤 되면 당연히 PISA 자체에 대해서도 의문이 든다. 과연 PISA는 핵심역량을 평가할 수 있는 지표를 만들어내었는가? 읽기, 수학, 과학 등 3대 영역의 소양이 높다는 것을 곧 삶의 도전에 직면할 수 있는 역량 수준이 높다는 뜻으로 해석할 수 있는가? PISA 역시 시험 점수만 높은 생활 바보들을 양산하는 것이 아닐까?

직관적으로도 그 대답은 PISA에 부정적일 수밖에 없다. OECD가 말하는 핵심역량은 공교육의 체제, 교육과정의 대규모 개혁을 요구하고 있는데 PISA는 여전히 기존의 내용 중심 교육과정의 틀에서 크게 벗어나지 못하고 있기 때문이다.

따라서 핵심역량에 대한 연구가 진행되면 PISA의 평가 영역과 평가 방식에도 큰 변화가 필요할 것이다. 그러나 이것이 곧 읽기, 수학, 과학 등 기존의 세 영역을 폐지하는 방향으로 바뀐다는 의미는 아니다. 핵심역량에 분명히 지식과 상징이라는 도구를 활용하는 능력이 포함되어 있기 때문이다. 그 대신 이 세 영역의 비중을 줄여 '도구와의 상호작용'에 포함시키고, 사회적 상호작용과 자율적 행동을 평가할 새로운 지표를 추가할 가능성이 크다.

물론 우리나라는 그런 것들을 부록 취급하고 여전히 읽기, 수학, 과학에만 관심을 기울이고 있다. 하지만 새로 추가되는 영역들은 결코 부록 같은 것들이 아니다. 특히 문제해결 능력은 이미 정식 평가 영역으로 정착되어 2015년부터는 이를 '협력적 문제해결 능력'이라는 영역으로 실시할 예정이라고 한다. 앞으로는 협력적 문제해결 능력을 중심으로 읽기, 수학, 과학이 모두 통합되는 것이 바람직할 것이다.

# 어떻게
# 평가하는가?

## PISA 미리보기

PISA는 수능이나 학업성취도평가처럼 확정된 틀을 갖고 반복적으로 시행되는 평가가 아니다. PISA의 목적은 바뀐 패러다임에 맞춰 새로이 요구되는 능력을 학생들이 공교육을 통해 얼마나 갖추고 있는지 진단하는 것이다. 그런데 이전까지의 각종 교육평가지표들은 이를 진단하는 데 있어 무용지물이나 다름없었다. 같은 맥락에서 PISA는 평가 자체와 더불어 평가지표를 개발하는 것도 목적으로 하고 있다. PISA가 회를 거듭하면서 발전하는 진행형의 프로그램이라는 의미다.

이 새로운 지표는 한두 해 만에 만들어지는 것이 아니다. 시대가 요구하는 능력과 자질이 계속해서 변화하기 때문이다. 핵심역량을 정의하고 선정하는 연구가 PISA보다 뒤늦게 출범한 것도 이 때문이다. 따라서 PISA는 학생들이 지식 중심의 새로운 사회에서 갖추어야 할 역량 전체를 평가하는 것이 아니다. PISA가 평가하고자 하는 것은 학습 능력, 혹은 학습 소양 등으로 번역할 수 있는 'literacy'다. 예전에는 이 용어를 문해력이라고 번역했지만 그럴 경우 읽고 쓸 줄 아는 능력, 즉 문자 해독 능력과 혼동되기 때문에 학습 소양이라고 옮기는 것이 원래의 의미에 보다 가깝다. PISA의 공식 보고서는 PISA의 평가 내용을 다음과 같이 밝히고 있다.

> PISA는 변화하는 세계에 성공적으로 적응하기 위해 학습이 지식과 기술을 갖추고 있는지에 초점을 맞추기보다 미래의 삶을 준비하는 데에 필요하다 한다. PISA는 학생들이 학교에서 배웠는지를 단순히 평가하려 하지 않는다. PISA는 학생이 지식을 평가하려면 무엇 ... 갖춘 실제 세계에 적용하고 다양한 상황을 설정할 수 있는지를 평가한다. (PISA 2009)

앞서 얘기했듯이 다가오는 시대는 사람들이 다양한 지식과 정보를 서로 공유하는 가운데 새로운 지식을 창출하는 시대다. 이런 시대에 세상의 변화에 적응한다는 것은 학교를 졸업해서 그저 배운 것을 써 먹으면서 일하면 충분했던 과거와 다르다. 교육을 마쳤다는 것은 어떤 것들을 알고 익혔다는 것이 아니라, 앞으로 마주치게 될 새로운 것들을 배우고 활용할 수 있는 능력을 갖췄다는 뜻이 되어야 하는 것이다. 이것이 바로 '평생학습'이다. PISA는 공교육과정을 마친 학생들이 바로 이 평생학습의 능력을 갖추고 있는지 평가하는 것이다.

그렇다고 PISA가 기초지식과 습득한 기능을 평가하지 않는 것은 아니다. 의무교육을 마친 학생들이 충분한 기초지식과 기능을 배웠는지 평가하는 것 역시 중요한 의미가 있다. 그러나 이 학생들이 기초지식을 알고 있는 수준에 머물렀는지, 아니면 알고 있는 지식을 새로운 상황에 적용할 수 있는 수준까지 갔는지, 더 나아가 이를 기존의 것들과 조합하여 새롭게 활용할 수 있는 수준까지 갔는지를 평가해야 한다. 평생학습의 시대인 21세기 지식사회는 새로운 지식이 끊임없이 창출되기 때문에 한 번 배운 것을 계속 써먹을 수 없고, 개인은 끊임없는 학습을 통해서만 변화에 적응할 수 있기 때문이다.

따라서 PISA는 각기 다른 학교에서 가르치는 각기 다른 과목의 내용과 학생들의 성취에는 별 관심이 없다. 학생들이 어떤 교과에서 무엇을 배웠든지 간에, PISA가 최종적으로 측정하고자 하는 것은 학습소양(literacy)이기 때문이다. 기존의 성취도 평가가 학습 결과를 측정하는 것이라면, PISA는 앞으로의 학습 가능성을 측정하는 것이다.

| 학교에서<br>배운 지식 | | 학습 결과(%) |
| --- | --- | --- |
| | 얼마나 알고 있는가? | |
| 학교에서의<br>배움 자체 | | 학습 소양(%) |
| | 새로운 것을 얼마나<br>잘 배울 수 있는가? | |

물론 읽기, 수학, 과학 등 세 영역에 걸쳐 치러지는 PISA는 여전히 오해의 소지가 있다. 평가 영역만으로는 1995년부터 60개국의 초등 4학년, 중등 2학년 학생을 대상으로 4년마다 한 번씩 실시하는 국제 수학·과학 성취도평가인 TIMSS(Trends in International Mathematics and Science Study)와 별 차이가 없어 보인다. 하지만 그렇다고 해서 PISA의 '읽기 소양' 영역이 우리나라의 국어 교과와 같은 것은 전혀 아니다. '수학 소양' 영역이나 '과학 소양' 영역 역시 수학 교과나 과학 교과와 다르다.

PISA는 얼핏 국어, 수학, 과학 시험처럼 보이지만 기존의 학업성취도평가와는 근본적으로 다른 것을 평가한다. PISA가 읽기, 수학, 과학 등 세 영역으로 출발한 이유는 아직까지 대부분 나라의 학교에서 학생들이 학습하는 지식이 이들 세 가지 형태이기 때문이며, 이들이 졸업한 다음 마주칠 지식 역시 문서(읽기), 수식(수학), 보고서(과학) 등 이 세 가지 형태이기 때문이다. 이렇게 우리는 지식을 획득할 때 주어진 문서의 내용을 파악하고, 수학적으로 표시된 다양한 자료를 이해하며, 어떤 지식의 진위를 판가름할 때 과학적 방법을 활용할 줄 알아야 한다. 지식을 다루는 방법은 대개 이 세 가지 방식에 수렴한다.

게다가 2012년에 추가된 문제해결 능력, 2015년에 추가될 협력적 문제해결 능력, 그리고 앞으로 계속 추가될 경제 소양, 환경 소양 등의 지표가 안정된다면 PISA는 기존의 평가 프로그램과 확실하게 차별화된 모습을 보일 것이다.

PISA는 평가 영역과 방식을 계속해서 개발하고 개선하는 장기 프로젝트다. 그러면서 세계 여러 나라에서 수집한 자료를 활용하여 각 국의 교육제도를 분석하고 바람직한 개선 방안을 모색하는 부수적인 목적도 가지고 있다. 그래서 PISA는 읽기, 수학, 과학 소양뿐 아니라 각 나라의 교육제도, 학생이 처한 상황, 학교의 환경 등을 조사하는 설문조사도 함께 실시한다. OECD는 장기적으로 유네스코와의 협력을 통해 광범위한 세계 교육지표 개발 프로그램을 추진할 계획을 가지고 있다. PISA는 그 장기적인 거대 프로젝트의 한 고리일 뿐이다.

한편 PISA는 대규모의 종단 연구다. 종단 연구라는 것은 10년이라는 긴 시간에 걸쳐 일관된 척도로 같은 연령대의 학생들을 평가함으로써 공교육의 변화 추이를 확인하겠다는 의미다. 따라서 PISA는 평가지표의 난이도가 체중계의 눈금처럼 일정하게 안정되어야 한다고 전제한다.

이를 쉽게 판단하기 위해 PISA는 첫해인 2000년을 기준년도로 정해 OECD 국가 학생들의 전체 평균이 500점, 그리고 전체 학생들의 3분의 2가 400~600점에 위치하도록 문항을 설계하였다. 실제로 PISA 2000에서도 약간의 오차는 있었지만, 비슷한 범위 내에서 학생들의 평균과 분포가 결정되었다. 따라서 이후에 치러지는 PISA에서는 학생들의 성취도가 각 나라별로 어떻게 변화하는지를 비교적 안정적으로 분석할 수 있다.

이를테면 2000년에 치러진 PISA 읽기 소양의 전체 평균이 497점이었는데 2003년에는 473점으로 떨어졌다면 이는 문항이 지나치게 어려웠기 때문이라고 해석되지 않는다. 문항은 안정적이라고 전제되기 때문에 달라진 것은 학생들의 읽기 소양인 것이다. 마찬가지로 2000년에 A라는 나라 학생들이 읽기 영역에서 473점을 받았는데 2003년에는 500점을 받았다면, 이는 난이도가 쉬워져서가 아니라 3년간 그 나라의 교육 여건이 개선되었거나, 학생들의 능력을 향상시키는 어떤 다른 변화가 있었던 것으로 판단한다.

우리나라 수능이 PISA와 같은 안정성을 확보하지 못한 가장 큰 원인은, 수학 능력을 평가하겠다는 원래의 목표와 달리 선발의 기능을 수행했기 때문이다. 만약 수능이 정말 수학할 능력을 평가하는 것이라면 그 수준과 등급을 정해 주는 것이 바람직했을 것이다. 그런데 수능은 학생을 선발해야 한다는 실질적 목적 때문에 능력 수준이 아니라 응시자들을 줄 세우는 것이 우선시된다. 그래서 등급 역시도 응시자들의 성적에 따라 상대적으로 결정된다. 이런 식의 평가는 선발고사지 수학능력평가가 아니다.

이렇게 선발고사의 관점에 익숙한 한국인들의 눈에는 PISA에서도 국가 간 순위가 중요해 보이겠지만, 사실 PISA에서 중요한 것은 상대적 순위가 아니라 점수 그 자체다. 예컨대 우리나라가 PISA 2000에서 평균이 525점으로 5위를, 일본이 521점으로 6위를 차지했는데, PISA 2003에서는 530점으로 6위, 일본이 540점으로 5위였다고 하자. 이 결과를 두고 PISA는 한국과 일본 모두 교육환경이 개선되어 학생들의 역량이 전반적으로 향상되었다고 반길 것이다. 앞서 말했듯이 PISA의 궁극적인 목적은 국가 간의 순위를 정하는 것이 아니라 전체적으로 학생들의 수준을 높이는 것이며, 가능하면 순위를 불문하고 국가 간의 격차를 줄이는 것이기 때문이다.

그런데 우리나라에서는 어떨까? 이제껏 그래온 것처럼 언론이 앞장서서 "한국, 일본에게 뒤져"라는 식으로 보도할 것이다. 우리는 수능에 응시한 학생들 점수가 크게 높아져서 상위권 학생의 비중이 커지면 "학생들이 그만큼 공부를 더 잘하게 되었다"고 하지 않고 "수능 변별력이 떨어졌다"고 하면서 '물수능'이라며 비아냥거린다. 우리나라의 평가 전문가들이 PISA 개발자들에 비해 크게 떨어지지 않는데도 말이다. 수험생이나 학부모의 반응에 따라 평가 결과에 일희일비하거나 흔들리지 말아야 평가지표가 안정되는데, 우리는 그때까지 기다려주지 않는다. 물론 문제은행이 안정되기에는 기출문제가 마음껏 문제집에서 유통되고, EBS 연계 출제로 사실상 공개되어 있는 상황도 문제다.

PISA는 출제된 기출문제를 철저히 보안하며, 기출문제 대신 몇 개의 예시문항을 공개하고 있다. 또 선발고사가 아니기 때문에 수능처럼 학생 전체를 대상으로 평가를 시행하지 않고, 이들을 대표하는 표본을 선정하여 평가를 실시한다. 평가를 치를 표본은 각 나라마다 해당 학년(우리나라의 경우 고등학교 1학년)이 있는 학교들 중 무작위로 몇몇 학교를 선발하는 방식으로 이루어지는데, 인구 규모에 따라 한 나라당 적게는 4,500명에서 많게는 1만 명까지 평가 대상이 된다.

학생들은 선택형 문항과 서술형 문항으로 이루어진 시험을 치르는데, 평가 시간은 두 시간이다. 그런데 이 평가는 문제은행식으로 이루어진다. PISA는 7시간 분량의 문항을 미리 준비해 두었다가 무작위로 2시간 분량의 문항을 조합하여 학생들에게 나누어준다. 따라서 학생들은 모두 같은 문항을 푸는 것이 아니라 저마다 서로 다른 문항이 조합된 문제지를 받게 된다. 그럼에도 불구하고 PISA는 문제은행에 포함된 문항들의 타당도와 신뢰도를 자신하기 때문에 이들은 모두 같은 문항으로 간주해도 문제가 없다고 밝히고 있다.

두 시간의 평가를 마친 뒤 학생들은 가족, 사회경제적 지위, 학습 동기, 각 영역에 대한 친화도, 자신감 등 학습에 영향을 주는 다양한 변수를 조사하는 설문지에 응답하게 된다. 또 그들이 다니는 학교의 학교장도 20문항의 설문조사에 응하게 된다. 설문조사 결과는 각 나라 교육 체제의 특징, 그리고 그것이 PISA 점수에 미치는 영향 등을 평가하는 다양한 분석에 활용된다.

본격적으로 PISA의 데이터를 분석하기 전에 PISA의 평가 영역을 구체적으로 살펴보자.


### 읽기 소양(reading literacy)

이 소양은 어떤 자료를 읽는 능력을 활용하는 능력이다. 이 능력을 활용하여 가장 단순하게는 정보를 획득할 수 있고 좀 더 복잡하게는 획득한 정보를 문제 상황에 적용할 수 있다. 여기서 말하는 읽기 능력이 반드시 책이나 문서를 대상으로 하는 것은 아니다. 출판물, 신문, 팸플릿 등 인쇄 형태뿐 아니라 컴퓨터 파일, 웹사이트 등 전자 문서 형태로 존재하는 것들도 모두 포함된다. 매체도 다양하지만, 기록된 방식의 범위도 넓다. 문학적·비문학적 텍스트는 물론 도표와 그래프로 이루어진 기록이나 공식 보고서, 심지어 편지나 낙서까지 모두 읽기 소양의 대상이다. 한마디로 읽을 수 있는 것은 모두 어떻게든 활용할 수 있어야 한다는 것이다.

읽기 소양에 속하는 문항들은 요구되는 능력의 범위에 따라 1등급에서 6등급까지 등급이 부여되어 있다. 1등급이 가장 낮고, 6등급이 가장 높은 등급이다. 등급이 높은 문항을 맞추면 가중치가 부여된다. 문항들은 낱개로 구성되어 있지 않고, 하나의 읽기 과제에 여러 등급의 문항들이 세트를 이루는 방식으로 구성되어 있다. 이렇게 해서 모든 문항을 풀었을 때 총점이 625점이 넘으면 6등급, 407점이 안 되면 1등급이다. 각 등급은 다만 점수의 차이를 말하는 것이 아니라 학생들이 앞으로 무엇을 할 수 있는지, 즉 역량의 차이를 보여준다.

- 1등급 : 주어진 자료에서 단순한 정보를 획득할 수 있다.
- 2등급 : 주어진 자료에서 복합적인 정보를 획득할 수 있다.
- 3등급 : 자료를 해석할 수 있다.
- 4등급 : 자료를 비교하고 분석할 수 있다.
- 5등급 : 자료를 비판적·성찰적으로 평가할 수 있다.
- 6등급 : 문제를 해결하기 위한 가설을 세우고 이를 검증할 연구 전략을 짤 수 있다.

각 등급의 역량을 살펴보면 '정보 획득 → 해석 → 비교와 분석 →

성찰과 평가 → 새로운 지식 창출' 순으로 높게 평가됨을 알 수 있다. 이런 방식은 PISA의 다른 영역인 수학, 과학 소양에서도 마찬가지로 적용된다.

물론 단순히 총점만으로 역량의 등급을 평가한다는 것은 다소 문제가 있을 수 있다. 예컨대 각 문항 세트에서 5등급에 해당되는 문항들은 모두 맞추고 그 이하 문항들은 모두 틀리는 학생이 있을 수도 있다. 그 학생의 총점은 2~3등급에 그칠 것이다. 그런데 이런 상황은 논리적으로는 가능할지 몰라도 실제로 나타나기는 어렵다. 6등급 문항을 해결할 수 있는 학생은 그 앞에 나오는 1~2등급 문항은 매우 쉽게 풀 수 있기 때문이다. 물론 어려운 문제는 잘 푸는데 쉬운 문제는 못 푸는 엉뚱한 학생이 있을 수도 있지만 이런 예외 값까지 염두에 두면 계량적 평가 자체가 불가능하다.

일각에서는 아무리 소양을 검사한다고 하지만 선다형 평가이니만큼 주입식 교육을 많이 받은 학생이 유리하다는 지적도 나온다. 출제 방식이 문제풀이 연습을 많이 한 학생에게 유리하도록 되어 있어 PISA의 등급이 실제 읽기 소양을 대표한다고 보기는 어렵다는 주장이다. 실제로 PISA 2000에서 매우 저조한 결과를 보여준 독일, 프랑스 등이 보인 공식적인 반응은 "우리나라는 논술형 시험을 주로 치기 때문에 이런 선다형 문항에 대한 훈련이 되어 있지 않다"는 것이었다.

하지만 공개된 예시문항을 보면 단순히 문제풀이 연습으로 해결할 수 있는 수준이 아니라는 것을 알 수 있다. 오히려 암기해서 습득한 지식은 이 문항들을 푸는 데 그리 높게 활용되지 않는다. 지식 수준은 높지 않은데 그 지식을 활용하는 방식이 높은 등급일수록 복잡해질 뿐이다. 두 개의 예시문항을 검토해 보자.

먼저 첫 번째 문제다. 그래피티를 두고 서로 상반된 주장을 하는 두 편의 글이 있다. 이 글은 실제로 핀란드의 어느 웹사이트에 게재되었던 것이라고 한다. 그래피티는 범법 행위이며 문화 파괴에 불과하기 때문에 철저히 단속해야 하는가, 아니면 그래피티 역시 예술의 한 방식이므로 허용해야 하는가에 관한 인터넷 게시판 논쟁을 읽는 것이다. 이 문항에서 PISA는 읽기 소양을 활용해 공적 논쟁에 참가할 수 있는 능력을 평가한다. 따라서 이 문항에서 주로 평가하는 역량은 텍스트의 내용을 해석하고 이를 주어진 상황에 비추어 성찰하고 평가하는 능력이다.

학생들은 두 지문을 읽고 여기에 딸린 네 개의 문항을 풀도록 되어 있다. 게시글을 읽고 마음속에서 각자 나름의 논쟁을 붙여보며 간접적으로 논쟁에 참여하듯이 문항을 푸는 것이다. 딸린 문항은 2~4등급의 난이도에 해당한다. 여기서는 두 개의 문항만 살펴보도록 한다.

[게시글1]
학교 담장 페인트칠이 벌써 네 번째다. 그래피티를 지우기 위해서라고 한다. 나는 이 꼴을 보고 분통이 터졌다. 물론 창조성은 바람직한 능력이다. 하지만 창조성을 발현하려면 그 비용을 사회가 치르지 않는 적절한 표현방법을 찾아야 한

다. 왜 굳이 금지된 곳에 그래피티를 그려서 자신은 물론 청년들 전체의 평판까지 나쁘게 만드는가? 전문 예술가들을 보라. 그들이 자기 작품들을 길거리에 걸어두는가? 그들은 그렇게 하는 대신 작품을 합법적인 전시회에 출품한다. 그리고 이를 통해 돈과 명성을 얻는다. 나는 빌딩, 담장 그리고 공원의 벤치가 그 자체로 이미 예술 작품이라고 생각한다. 그렇다면 이 건축물을 그래피티로 오염시키는 것은 매우 병적인 행동이다. 더구나 이런 행동은 오존층까지 파괴한다. 정말이지 나는 왜 이 범죄적 예술가들이 '예술 작품'을 그려내고 또 그것이 지워지도록 하는 성가신 일을 계속해서 반복하는지 이해할 수 없다. – 헬가

### [게시글2]

누구도 사람의 취향을 측정할 수 없다. 우리 사회는 통신과 광고로 가득 차 있다. 기업 로고, 가게 이름들, 거리 위에 끼어든 거대한 포스터들. 이런 것들을 과연 받아들일 것인가? 대부분의 사람들은 받아들인다고 한다. 그럼 그들은 그래피티는 받아들이는가? 어떤 사람은 그럴 수 있다고 하고, 또 다른 사람들은 그럴 수 없다고 한다. 누가 그래피티의 가격을 지불할까? 그리고 누가 각종 광고의 가격을 최종적으로 지불하는가? 맞다. 소비자들이다. 광고판을 세운 사람들은 소비자인 당신의 허락을 구한 적이 있는가? 아니다. 그렇다면 그래피티 아티스트들도 그래야 하는가?

이건 결국 소통의 문제가 아닐까? 당신의 이름, 그래피티를 하고 다니는 무리의 이름과 거리의 거대한 예술 작품, 그리고 몇 해 전 옷가게에서 팔렸던 줄무늬와 체크무늬 옷들을 생각해 보라. 그 패턴과 색상은 콘크리트 벽에 그려진 꽃무늬 그래피티에서 그야말로 훔쳐온 것이다. 그런데 그 무늬와 패턴은 받아들이고

찬미하면서 같은 스타일의 그래피티는 끔찍한 것으로 여기는 것은 참으로 우스운 일이다. 정말이지 예술하기 어려운 시대인 것이다. - 소피아

**1. 다음 중 이 글의 목적은 무엇인가? (2등급)**

A 그래피티가 무엇인지 설명한다.

B 그래피티에 대한 견해를 소개한다.

C 그래피티의 인기를 보여준다.

D 그래피티를 지우는 데 얼마나 많은 비용이 낭비되는지 알린다.

**2. 우리는 이 글의 견해에 대해 말할 수 있으며 글이 쓰인 방식(스타일)에 대해서도 말할 수 있다. 두 글 중 어느 쪽에 찬성하는지와 상관없이 무엇이 더 잘 표현된 글인지 선택하고, 그 이유를 해당 글이 작성된 방식을 고려하여 설명하시오. (4등급)**

지문을 보면 알 수 있듯이 이 문항은 주장하는 글을 해석하는 능력을 요구한다. 1번은 내용을 파악하는 수준으로 기본적인 독해 능력만 있으면 풀 수 있는 낮은 등급에 해당하지만 2번은 그렇지 않다. 텍스트의 내용과 형식을 구분해서 평가할 수 있는 능력이 필요하다. 내용과 스타일을 구분해서 평가할 수 없는 학생이라면 자신이 동의하는 글을 더 좋은 글이라고 선택할 가능성이 높다. 문제의 논점을 이탈하게 되는 것이다.

다음 문항은 단어와 문장으로만 이루어진 것이 아니라 그래프, 지

도 등 시각 자료를 포함한 텍스트를 읽은 뒤 이를 해석하고 활용하는 능력을 평가하는 것이다. 여기서는 두 그래프에 딸린 세 가지 등급의 문제를 살펴보자.

다음은 북아프리카 지역과 관련된 그림이다. 그림 A는 북아프리카 사하라 지역에 있는 차드 호수의 수위 변동을 표시한 것이다. 그림 B는 사하라 지역의 동굴벽화에 등장하는 야생동물의 패턴이 바뀌는 과정을 보여준다. 이 그림들을 보고 주어진 문항에 답하라.

**그림 A**
**차드 호수의 수위 변동**

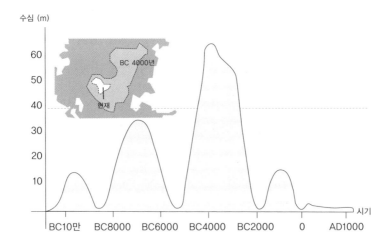

**그림 B**

사하라 지역의 동굴벽화에 나타난 야생동물의 패턴 변화

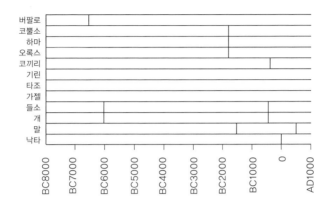

**1. 그림 B는 다음 중 무엇을 전제로 하고 있는가?** (1등급)

A 암각화의 동물들은 당시 그 지역에 존재하던 것들이다.

B 암각화를 그린 사람들은 기술이 뛰어나다.

C 암각화를 그린 화가는 넓은 지역을 여행할 수 있었다.

D 암각화에 묘사된 동물들은 길들여지지 않았다.

**2. 2000년 현재 차드호의 수심은 몇 미터 정도인가?** (2등급)

A 2미터 정도

B 15미터 정도

C 50미터 정도

D 완전히 고갈됨

E 알 수 없음

3. 다음 물음에 답하기 위해서는 그림 A와 B에서 얻은 정보를 취합해야 한다. 벽화에서 코뿔소, 하마, 들소가 사라진 것은 다음 중 언제인가? (3등급)

A 가장 최근에 빙하기가 시작된 시점

B 차드호의 수위가 가장 깊었을 때

C 차드호의 수위가 1000년 이상 낮아진 뒤

D 건기가 시작된 시점

위 문항은 일반적인 텍스트가 아니라 과학적인 조사 결과, 그리고 고고학적 기록이 혼합된 자료다. 이렇게 텍스트는 물론 텍스트가 아닌 자료들로부터 정보를 수집하고 이를 바탕으로 추론할 수 있는 능력이 PISA가 강조하는 읽기 소양이다.

예시문항을 통해 알 수 있는 것처럼 PISA의 읽기 소양은 텍스트를 읽고 해석하는 능력에 한정되지 않는다. 텍스트에서 정보를 추론하고, 상황을 판단하고, 평가하는 능력이 요구되기도 하며 그림이나 그래프로 이루어진 자료에서 정보를 획득하고 추론하는 능력이 요구되기도 한다. 따라서 이 영역은 우리나라의 '국어과'와는 상당히 거리가 있다.

## 수학 소양(mathematical literacy)

수학 소양은 수학 교과에서 배우는 다양한 개념을 얼마나 이해하고, 연산과 추론을 얼마나 잘하는지 평가하는 것이 아니다. PISA 수학 소양 영역에서 다루는 개념은 우리나라 중학교 3학년 수학과에서 다루는 것과 비교하면 매우 기초적이다. 그야말로 기초적인 기하학, 방정식, 함수 이상을 다루지 않는다. 그저 실제 세계, 생활 속에서 수학적 원리를 활용해 문제를 해결하는 능력을 평가할 뿐이다.

이를테면 1차 방정식밖에 아는 게 없어도 이것을 삶의 여러 상황에서 적절히 활용하여 문제를 해결할 수 있다면 PISA는 수학 소양이 높은 것으로 본다. 반면 고차 방정식과 벡터 함수 따위를 알고 있다 하더라도 실생활에서 언제 그것이 사용되는지 모르고, 그것을 활용해 문제를 해결할 수도 없다면 수학 소양이 낮은 것이다. 수학 소양은 기본적으로 수학이 동원되어야 하는 상황을 인지하는 것, 실제 그런 상황에서 수학적 원리를 활용하여 문제를 해결하는 것, 나아가 문제해결 과정을 성찰하고 자신이 활용한 수학적 도구를 평가하는 수준까지 아우른다.

하지만 이렇게 설명하는 것보다 예시문항을 보는 편이 훨씬 이해하기 쉬울 것이다. 두 개의 문항을 한꺼번에 살펴보자. 문제를 보면 알수 있겠지만 여기에 동원되는 수학 지식은 우리나라 초등학교 6학년 내지는 중학교 1학년 수준을 넘지 않는다. 그럼에도 불구하고 5등급 이상에 해당되는 문제는 답을 쉽게 구할 수 있는 수준이 아니다. PISA가 요구하는 능력이 단순한 지식과 기능이 아니라 문제가 되는 상황에서 어떤 부분이 수학적 해결이 필요한 부분이며, 이때 필요한 수학적 방법이 무엇인지를 발견하는 고차원적인 능력이기 때문이다.

농부가 사과나무를 심으려 한다. 사과나무를 바람으로부터 보호하기 위해 그는 과수원 둘레에 침엽수를 방풍림으로 두르고자 한다. 다음 그림은 농부의 과수원을 간단한 기호로 표시한 것이다. 사과나무가 몇 열(n)인지에 관계없이 사과나무와 침엽수 사이에 일정한 함수 관계가 있음을 알 수 있다.

✘ = 침엽수
● = 사과나무

1. 농부가 나무의 열(n)을 늘려서 과수원을 더 크게 만들고자 한다. 사과나무와 침엽수 중 과수원이 커질수록 더 빨리 늘어나는 것은 무엇인가? 그리고 그 답을 어떤 방법으로 찾았는지 설명하시오. (6등급)

2. 사과나무와 침엽수의 수를 계산하는 두 개의 공식이 있다.

$$사과나무의 수 = n^2 \quad 침엽수의 수 = 8n$$

이때 침엽수와 사과나무의 수가 같아지는 n의 값은 무엇이며, 그 값을 어떤 방법으로 계산했는지 설명하시오. (5등급)

다음 그래프는 경주용 자동차가 3km 트랙을 달릴 때 (두 번째 바퀴에서) 각 지점에서의 속도 변화를 표시한 것이다.

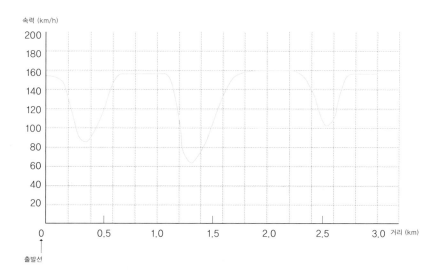

**1.** 트랙의 모양을 보여주는 다섯 개의 그림이 있다. 앞의 그래프를 통해 볼 때 이 자동차는 다음 중 어떤 모양의 트랙을 달린 것일까? (5등급)

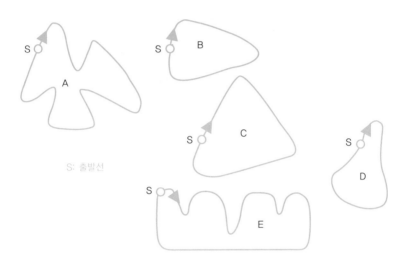

S: 출발선

**2.** 이 트랙에서 가장 긴 직선 구간은 출발점으로부터 대략 몇 킬로미터 떨어진 지점에서 시작되는가? (3등급)

A 0.5 km   B 1.5 km   C 2.3 km   D 2.6 km

**3.** 트랙을 한 바퀴 도는 동안 가장 느리게 달린 지점은 어디인가? (2등급)

A 출발점   B 약 0.8 km 지점   C 약 1.3 km 지점   D 트랙의 중간 지점

예시문항을 통해 확인할 수 있듯이 PISA는 복잡한 계산을 요구하지 않는다. 오히려 계산은 간단하지만 그러한 계산을 끌어내기까지의 과정을 스스로 설명하고 평가할 것을 요구하고 있다. 첫 번째 문항의 경우는 나무의 배열을 보면서 수열이라는 개념을 생각해 낼 수 있어야 하고, 두 번째 문항은 현실의 도로 모양이 자동차 속도의 증감에 영향을 준다는 사실을 그래프로 표시할 수 있어야 한다. 하지만 막상 도출된 수열 공식이나 그래프는 우리나라 같으면 시험 문제거리도 안 될 정도로 단순하다. 즉 수학식 자체를 잘 다루는 것보다는 어떤 상황에서 어떤 수학식을 활용할지 판단하는 능력이 더 중요하다는 의미다.

## 과학 소양(scientific literacy)

과학 소양은 기초 과학 지식부터 데이터 분석, 과학적 탐구 방법 등을 알고 실제로 활용할 수 있는 능력을 말한다. 간단한 과학 지식을 끌어올 수 있느냐, 그런 지식이나 개념을 실제 상황에 적용할 수 있느냐, 나아가 더 높은 수준의 개념을 활용해 추론을 하고 대안을 모색할 수 있느냐까지 모두 과학 소양에 해당한다.

과학 소양에서 중요시하는 것은 논리적인 추론을 할 수 있는 능력, 그리고 과학적인 조사를 계획하고 수행할 수 있는 능력이다. 따라서 학교에서 배우는 각종 과학 지식을 얼마나 많이 알고 있느냐, 혹은 수학 문제처럼 배배꼬인 각종 물리, 화학 문제를 얼마나 빨리 풀어내느냐 하는 것은 중요하지 않다. 오히려 주어진 상황을 파악할 수 있는 자료들을 수집하여 이를 해석하고 그로부터 논리적으로 결론을 도출하며, 추가적인 조사를 계획할 수 있는 능력이 중요하다.

PISA 과학 소양 영역의 문제들은 우리나라 중학교 수준에 비해 매우 단순한 과학 지식을 다루고 있다. 하지만 과학적 추론에 익숙하지 않은 학생들은 원리를 알고 있어도 문제를 풀기가 쉽지 않다. 그래선지 우리나라 학생들은 과학 영역에서 다른 영역보다 약한 모습을 보여주었다. 우리나라는 그동안 시행된 PISA 과학 영역에서 2006년 522점, 2009년 538점, 2012년 538점 등으로 다른 영역에 비해 상대적으로 낮은 평균을 보였다. 특히 과학이 주 영역이었던 PISA 2006에서 우리나라 학생들은 과학에 대한 자아 효능감, 흥미, 즐거움, 외적 동기 등이 모두 OECD 평균보다 낮은 것으로 나타났다.

PISA 과학 영역에서 690점을 넘는 최고 수준의 학생들은 어떤 학생들일까? PISA의 설명에 따르면 이들은 어떤 상황을 설명하거나 예측하기 위한 개념 모델을 만들어낼 수 있으며, 그를 검증할 수 있는 과학적 조사와 분석을 실시하고, 이를 통해 여러 대안적 모델들을 비교 분석하고 평가할 수 있는 학생들이다.

PISA 과학 소양 영역에서 어떤 문항들이 출제되는지 살펴보자. 다음 문항은 헝가리 출신의 의사 제멜바이스가 19세기 수많은 유럽인들을 공포에 떨게 했던 질병인 산욕열의 원인을 찾고, 그 예방법을 밝히는 과정을 제시하고 있다.

제멜바이스의 일기에 나오는 이 그래프는 수많은 여성을 출산으로 사망하게 만든 전염병인 산욕열의 치명적인 영향을 보여주고 있다. 제멜바이스는 제1 병동과 제2 병동의 산욕열 사망자 수에 대한 자료를 수집하였다.

**[텍스트1]** 제멜바이스의 일기

1846년 7월. 다음 주면 나는 비엔나 종합병원 산부인과 제1 병동의 의사로 부임하게 된다. 나는 이 병동의 환자 사망률을 듣고 겁에 질렸다. 이달만 해도 208명의 산모 중 36명 이상이 산욕열로 사망했다. 출산은 폐렴만큼이나 위험한 일이다.

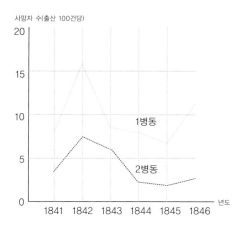

**산욕열로 인한 사망자 수**

(...) 1846년 12월. 왜 이렇게 많은 여성들이 출산 후에 별다른 문제가 없었음에도 이 열병으로 죽어가는가? 과학은 수 세기 동안 보이지 않는 전염병이 산모들을 죽이고 있다고 말하고 있다. 원인은 대기의 변화일 수도, 외계의 영향일 수도, 혹은 지진과 같은 지구의 운동일 수도 있다.(...)

제멜바이스를 포함한 의사들은 산욕열의 원인에 대해 완전히 무지한 상태에 있었다. 오늘날 외계의 영향이나 지진을 열병의 원인으로 고려하는 사람은 많지 않다. 우리는 이제 이것이 위생 조건과 관련되었음을 안다. 그러나 제멜바이스가 살았던 시절에는 많은 사람들, 심지어는 과학자들조차도 그렇게 믿었다. 하지만 제멜바이스는 열병이 외계의 영향이나 지진 때문에 발생한다는 것이 타당하지 않음을 알았다. 그는 자신이 수집한 자료를 가리켰고, 그것을 동료들을 설득하는 데 활용했다.

### [텍스트2]

병원에서는 연구의 한 방편으로 해부를 한다. 환자가 사망하면 해부를 통해 죽음의 원인을 찾기도 한다. 제멜바이스는 제1 병동에서 일하던 학생들이 산욕열로 사망한 여성을 해부하는 데 참가한 다음 날 출산을 앞둔 산모를 검진한다는 사실을 기록했다. 그들은 해부를 마치고 스스로를 깨끗이 소독하는 데 주의를 기울이지 않았다. 심지어 그들 중 일부는 다른 사람이 시체 냄새를 맡고 시체실에서 일했음을 알아채는 것을 자랑스러워하기까지 했다. 그것은 그들이 얼마나 부지런한지 보여주는 증거였기 때문이다.

어느 날 제멜바이스의 친구 하나는 해부 도중 실수로 상처를 입고 사망에 이르렀다. 그의 사체를 부검하자 산욕열로 사망한 산모들과 같은 증상들이 발견되었다. 제멜바이스는 이 사건으로 산욕열의 다른 원인이 있을 것이라고 생각했다.

1. 당신이 제멜바이스라고 가정하자. 제멜바이스가 수집한 자료에 근거해 왜 산욕열이 지진과는 관계가 없다고 생각하는지 이유를 설명하라. (6등급)

2. 제멜바이스는 산욕열로 인한 사망자를 줄이는 데 성공하였다. 그러나 산욕열은 오늘날에도 근절이 어려운 난치병으로 남아 있다. 병원에서의 여러 임상 기록은 산욕열의 예방과 치료에 활용되어 왔다. 그 가운데는 침대보를 고온으로 세탁하는 것이 환자들의 감염 위험을 줄여준다는 내용도 있었다. 왜 침대보의 고온 세탁이 열병 감염 위험을 줄였는지 설명하라. (4등급)

3. 많은 질병들이 항생제로 치료된다. 그러나 최근 일부 항생제에서 산욕열치료에 대한 성공률이 낮아지고 있다. 그 원인은 무엇인가? (3등급)

이렇게 PISA는 실제 과학자의 기록을 해석하고 과학적인 판단을 도출해 내는 과정을 중요시하고 있다. 때문에 과학 지식 그 자체에 대해서는 거의 물어보지 않는다. 특히 실제 과학자가 내린 결론을 그가 남긴 자료들을 근거로 타당한지 평가하고 판단하도록 하는 문항이 최고 난이도로 규정되어 있음에 주목해야 한다. 과학책에 나온 지식과 개념을 이해하는 것이 아니라 '무엇이 과학적이며, 무엇이 과학적이지 않은지'를 판별할 수 있는 능력이야 말로 과학 소양인 것이다.

# PISA를 통해 본
# 대한민국 교육

PISA

# 그래서,
# 몇 등이야?

아무래도 우리나라에서는 순위에 가장 관심이 많고, 그다음이 점수이니 이 둘을 중심으로 살펴보자. 다음은 2000년부터 2012년까지 다섯 번의 PISA에서 우리나라가 거둔 성취도, 즉 성적(?)을 정부의 공식 자료를 바탕으로 정리한 것이다. 괄호 안의 숫자는 OECD 국가들의 평균점수다(표준오차는 가독성을 위해 넣지 않았는데, OECD 평균점수의 오차범위는 해마다 2.4~3.2점 정도로 그리 크지 않다는 사실만 밝혀둔다).

2000년부터 치러진 다섯 번의 평가에서 우리나라 학생들은 OECD 평균을 크게 웃도는 결과를 보여주었다. 평균이 500점이면서 오차범위가 3점 이내인 평가에서 평균보다 20점 이상씩을 넘긴다는 것은 엄청나게 우수한 성적이다. 앞에서 살펴본 성취 등급에 따르면 우리나라 학생의 평균은 읽기와 과학 영역에서 3~4등급 수준, 수학에서는 4

등급 수준을 넘어서고 있다. 다른 나라라면 우수한 편에 해당하는 성취 수준이 우리나라에서는 다만 평균에 불과한 것이다.

대한민국의 영역별 PISA 점수

( )는 OECD 평균

| 영역 | 2000<br>43개국 | 2003<br>41개국 | 2006<br>57개국 | 2009<br>75개국 | 2012<br>65개국 |
|------|------------|------------|------------|------------|------------|
| 읽기 | 525(500) | 534(494) | 556(492) | 539(493) | 536(496) |
| 수학 | 547(500) | 542(500) | 547(498) | 546(496) | 554(494) |
| 과학 | 552(500) | 538(500) | 522(500) | 538(501) | 538(501) |

이를 OECD의 관점에서 경제 용어를 사용해 냉정하게 표현하면 우리나라는 지식과 기능을 능동적으로 활용할 수 있는 인적자원 확보에 문제가 없다는 뜻이다. 나아가 이렇게 많은 지식노동자를 모두 고용할 만큼의 여력이 없어 고등실업자가 양산되고, 이를 바탕으로 지식노동자를 저가에 고용할 수 있다는 더 냉정한 분석도 가능하다.

특히 놀라운 것은 평균이 최상위권에 속함에도 불구하고 우리나라 학생들의 읽기와 수학 영역 성취 수준이 회를 거듭할수록 계속해서 향상되고 있다는 점이다. 최하위권에 속한 나라가 올라가는 것은 비교적 쉽지만, 최상위권의 경우 올라가기보다 내려가기가 더 쉽다는 것은 통계적 상식이다. 그런데 우리나라는 이런 상식을 보기 좋게 뒤집고 있다.

읽기의 경우 2000년에 비해 2012년에는 무려 11점이나 올라갔다. 더군다나 같은 기간에 OECD 전체 평균은 오히려 4점 떨어지고 있는 가운데 이런 결과가 나타났기 때문에 그 상승폭은 더욱 크다고 할 수 있다. 수학 역시 OECD 평균은 2000년에 비해 2012년에 6점 떨어졌지만 우리나라의 평균은 7점이 올라갔다. 이 증가분들은 모두 통계적으로 유의미한 것으로 나타났다.

다만 과학 영역의 평균점수는 10년 동안 오히려 14점이란 큰 폭으로 하락하였다. 더군다나 같은 기간 동안 OECD 평균이 1점 올라간 가운데 이런 결과가 나타났다는 점이 더욱 치명적이다. 특히 2003년에는 2000년에 비해 14점, 2006년에는 다시 2003년보다 16점씩 떨어지는 등 6년에 걸쳐 큰 폭으로 하락했다. 그나마 최근 두 차례 PISA에서는 2003년 수준을 회복해 유지하고 있지만, 과학 평균이 크게 하락한 기간 동안 어떤 일이 있었는지 배경 조사가 필요하다.

이렇게 평균만 놓고 살펴보면 우리나라 공교육은 매우 우수한 성취를 거두고 있으니 특별히 손볼 것이 없다. 다만 과학의 경우는 뭔가 문제가 발생하고 있으니 원인을 찾아볼 필요가 있고, 나머지는 그냥 하던 대로 하거나 아니면 오히려 학업성취에 들이는 에너지를 줄이고 다른 부분을 살펴볼 필요도 있어 보인다.

## 오직 국가 간 순위에만 관심 있는 한국인

우리나라에서 PISA 결과에 가장 관심을 기울이는 부분은 사실 성취도가 아니라 국가 간 순위일 것이다. 하지만 앞서 밝혔듯이 절대평가를 지향하는 PISA에서 평균점수를 기준으로 줄을 세운 국가 간 순위는 그리 중요한 정보가 아니다.

그럼에도 불구하고 그동안 우리나라에서 PISA 관련 보도들은 거의 항상 국가 간 순위 변동을 중심으로 이루어졌다.

이렇게 교육당국의 치적을 드러내고 싶을 때는 OECD 국가 간의 순위를 발표했고(이 경우 우리나라는 늘 1~2위다), 교사들의 노동 강도를 높이거나 혹은 학교에 경쟁 체제를 도입하기 위한 구실로 국민적인 위기감을 조성하고 싶을 때, 혹은 전교조를 공격하고 싶을 때는

OECD 비회원국들까지 포함한 참가국 전체 순위를 발표했다. 목적이야 어떻든지 간에 언론이 유독 순위에 호들갑을 떨었다는 사실은 변하지 않는다.

사실 OECD 비회원국들은 대부분이 개발도상국이고, 개발도상국들의 경우 거의 모든 국가들이 하위권에 위치하고 있다. 하지만 OECD 비회원국 중에는 홍콩, 마카오, 싱가포르, 대만 같은 동아시아의 선진국들이 끼어 있고, 전통적으로 높은 학업성취도를 자랑해 온 국가(도시)들이라는 점에서 이들을 포함시키느냐 마느냐에 따라 전체 순위가 상당히 달라진다.

게다가 PISA는 2009년부터 중국에서 상하이만 따로 떼어내어 순위에 포함시키고 있다. 이는 앞에서도 말한 것처럼 우리나라에서 강남구만 따로 떼어내어 순위에 포함시키는 것과 같아서 상하이가 부동의 1위를 차지하는 것은 어쩌면 당연한 일이다. 심지어 중국 정부가 PISA 점수를 높이기 위해 평가 대상자 선발에 관여한다는 뒷말도 있다. 하지만 언론을 통해 발표되는 순위가 OECD 국가들 중에서의 순위인지, 혹은 상하이까지 포함한 참가국 전체의 순위인지까지 섬세하게 살펴보는 독자나 시청자는 그리 많지 않다.

어쨌든 우리나라 언론, 정부, 그리고 일반 국민들이 3년에 한 번 돌아오는 PISA 순위에 관심을 가지고 이를 근거로 우리나라 공교육을 평가하려는 경향이 강하니 신경을 쓰지 않을 수 없다.

다음은 우리나라 학생들이 다섯 번의 PISA에서 거둔 평균점수를 바탕으로 OECD와 참가국 전체 순위를 표시한 것이다.

| 년도 | OECD 내 순위 | | | 전체 참가국에서의 순위 | | |
|------|------|------|------|------|------|------|
|      | 읽기 | 수학 | 과학 | 읽기 | 수학 | 과학 |
| 2000 | 6 | 2 | 1 | 7 | 3 | 1 |
| 2003 | 2 | 2 | 3 | 2 | 3 | 4 |
| 2006 | 1 | 1~2 | 5~9 | 1 | 1~4 | 7~13 |
| 2009 | 1~2 | 1~2 | 2~4 | 2~4 | 3~6 | 4~7 |
| 2012 | 1~2 | 1 | 2~4 | 3~5 | 3~5 | 5~8 |

먼저 읽기 영역이다. 우리나라 학생들은 OECD에서 6위, 전체에서 7위를 기록했던 2000년을 제외하면 해마다 OECD에서는 1~2위, 전체에서도 1~5위를 다투면서 강세를 보이고 있음을 확인할 수 있다. 2012년에 전체 순위가 5위까지 떨어진 까닭은 싱가포르, 홍콩, 상하이 등이 포함되었기 때문인데 싱가포르나 홍콩은 도시국가이며, 상하이는 중국의 특권층이 모인 지역인 데다가 점수를 높이기 위한 압력과 조작이 이루어지고 있다는 혐의까지 있어서 큰 의미가 없다. 따라서 여기서 확인할 수 있는 사실은 우리나라 학생들이 첫 번째 PISA를 치를 당시 상대적으로 열세였던 읽기 영역에서 회를 거듭할수록 점점 실력이 향상되어 사실상 1위나 다름없는 위치에 올라섰다는 것이다.

수학 영역은 더 우수하다. 우리나라 학생들은 2006년 이래 OECD에서는 1위를 굳건하게 지키고 있으며, 동아시아 강국들이 추가된 전체 순위에서도 5위 이내를 유지하고 있다.

문제는 과학이다. 이미 점수를 통해서도 확인했지만 우리나라 학생들은 과학에서 '상대적'으로 약한 모습을 보여주었다. 원래 그랬던 것도 아닌 것이 2000년 첫 번째 PISA에서는 1위를 차지했다. 그런데 이후 점수도 떨어지고 순위도 처지면서 2006년에는 한때 10위권 밖으로 밀려나기까지 한 뒤로 2012년에도 여전히 5위권 밖을 맴돌고 있다. 물론 전체 참가국이 60개국이 넘고, 또 알려진 선진국들은 다 참가하고 있기 때문에 우리나라 학생들이 결코 뒤떨어진다고 할 수는 없다. 그럼에도 불구하고 다른 과목과 비교해 상대적으로 낮은 성적을 보이는 것은 사실이다.

이상의 결과를 종합해 보면 우리나라 학생들의 PISA 순위는 대체로 안정적으로 세계 상위권에 포진해 있다. 지금까지의 추세를 보면 앞으로 하락할 가능성도 별로 보이지 않는다. 따라서 우리나라가 PISA에서 꾸준히 좋은 결과를 보여주고 있다는 것은 기정사실로 받아들여야 한다.

물론 일부 보수 진영의 주장대로 이 결과를 정부의 치적으로 둔갑시킬 수는 없다. 하지만 그렇다고 이 결과를 애써 깎아내리는 것 역시 일종의 자학적 관점이다. 특히 우리나라 진보 진영에서 그런 자학적 해석을 자주 하는데, 핀란드의 높은 점수와 순위는 선진적인 교육 시스템의 결과라고 부르면서 우리나라 학생들의 성취는 과중한 학습 노동과 사교육 때문이라고 폄훼하는 것이 대표적이다.

비록 그런 부분이 아주 없는 것은 아니지만, 앞에서 살펴본 바와 같이 PISA의 문항들은 사교육을 많이 받았다 해서 특별히 유리해지는 수준의 문항들이 아니다. 흔히 우리나라 교육의 문제점을 지적하면서 응용력과 비판적 사고력이 떨어진다고들 하지만, 우리나라 학생들은 상당한 수준의 비판적 사고력이 요구되는 문항에서도 우수한 결과를 보여주었다. 이러한 성취는 분명 문제풀이 연습, 기계적 선행학습의 결과라고 몰아세울 수 없는 결과다. 그러니 우리나라 학생들의 높은 성취는 과중한 학습 노동과 사교육 '덕분에' 이룬 것이 아니라, 과중한 학습 노동과 사교육에도 '불구하고' 이룬 것이며 명백한 공교육의 성취라고 보아야 한다.

이는 우리나라뿐 아니라 동아시아의 다른 4룡들도 비슷한 수준의 높은 성취를 보인 것을 통해 확인할 수 있다. 이들 나라 역시 우리나라처럼 학교의 규율이 엄하고 학습 강도가 높은 편이지만, 우리나라 학생들에 비해 학습 시간이나 사교육 비중이 훨씬 적다. 우리나라 학생들이 홍콩이나 싱가포르 학생보다 머리가 더 나쁜 것이 아니라면 우리나라와 다른 동아시아 국가 간의 교집합이 바로 우수한 성취의 원인이며, 그렇다면 우리나라에서만 유별난 사교육과 학습 노동은 그저 시간 낭비에 불과했다는 뜻이다.

이런 동아시아 국가의 높은 성취에 대해 대부분의 전문가들은 교육에 대한 부모의 관심, 학업에 대한 높은 가치부여, 우수한 교사, 그리고 교직에 대한 사회적 존경과 보상이 그 원인이라고 설명하고 있다. 실제로 수능 때문에 출근 시간이 조정되고 수험생을 위해 모든 어른들이 마치 계엄 때처럼 조심해야 하는 나라, 자녀의 학업이 가족 생활의 중심이 되는 나라는 그리 많지 않다. 또 교사가 젊은이들이 선망하는 직업이 되어 있고 최상위권 학생들 중에서 충원되는 나라, 교사들이 전원 4년제 대학 졸업자이며 심지어 석사 학위 이상 보유자가 3분의 1이 넘는 나라도 흔하지 않다.

어쨌든 PISA에서의 높은 성취는 세계가 우리나라의 공교육을 주목하게 만든 계기가 되었다. 흔히 쓰는 표현으로 세계를 놀라게 한 것이다. 그런데 정작 대부분의 한국인들은 이런 결과를 그다지 놀랄 만한 일이라고 생각하지 않았다. PISA에서 우리 학생들이 거둔 성과는 매우 당연한 것으로 받아들여졌다.

그도 그럴 것이 우리나라 사람들은 한국인의 지적 능력과 교육 수준을 대체로 높게 평가하는 경향이 있다. 하지만 PISA에서 우리나라 학생들이 보여준 결과는 국제사회에서 우리나라가 차지하고 있는 위상을 훨씬 뛰어넘는 수준의 것이었다. 이른바 선진국이라고 불리는 나라들은 한국 학생들이 자기들보다 훨씬 높은 순위에 자리 잡은 것을 일종의 충격으로 받아들였다. 몇몇 선진국에서는 우리나라를 모델로 삼아 공교육을 개혁하자는 얘기까지 나왔다.

## PISA를 대하는 세계 각국의 반응

사실 우리나라만 순위에 신경을 쓰는 것은 아니다. 아닌 척하면서도 이른바 선진국들은 모두 순위에 신경을 쓰고 있다. 특히 평소에 대수롭지 않게 여기던 한국이 자기들보다 높은 순위에 있는 것을 그리 달갑게 여기지 않았다. 일각에서는 치열한 경쟁과 과중한 학습 노동의 한국교육을 비판하면서도 다른 일각에서는 은근히 이를 모방하기도 하였다.

특히 미국에서는 우리나라의 전국 수준 학업성취도평가를 받아들여 전국 단위 학력진단평가라는 것을 실시하였다. 원래 미국은 학교 및 지역 단위의 교육 자율성을 중요시하고, 교육에 연방정부가 개입하는 것을 금기시하였기 때문에 전국적으로 동일한 내용의 시험을 치르는 것에 대한 반발이 높았다. 하지만 부시 행정부는 '낙제학생 방지법'을 통해 이 진단평가 점수가 낮은 학교의 예산을 삭감하고 심지어 학교를 폐쇄하는 등 강경한 정책을 펼쳤다. 따라서 부유한 몇몇 지역이나 사립학교를 제외하면 재정적으로 연방정부에 의존해야 하는 대부분의 공립학교는 이 시험에 응할 수밖에 없었다. 오바마 행정부 역시 상당한 규모의 연방 교육기금을 성취도가 높은 학교에 집중적으로 지원하는 '정상을 향한 경주(Race to the Top)' 프로그램에서 전국 단위 진단평가 점수를 대폭 반영하여 차등적으로 지원하는 등 학교, 학생 줄세우기에 열을 올렸다.

독일 역시 한국의 경쟁 교육에 배울 것이 없다고 단언했지만, 그럼에도 불구하고 OECD 평균에도 못 미치는 결과에 대해서는 상당히 충격을 받았다. 2000년 PISA에서 독일 학생들의 평균은 484점으로 동아시아는 물론 OECD 평균인 496점에도 미치지 못했으며 스웨덴, 덴마크, 네덜란드, 프랑스, 영국 등 유럽 대부분의 주요 국가들보다도 저조했다. 독일이 100년간 내려온 전통적인 교육 체제에 대한 일제점검과 장기간의 교육 토론에 들어가게 된 계기도 바로 PISA 2000의 충격 때문이다. 워낙 공공정책을 긴 토론을 통해 정하는 나라인지라 아직까지도 결론이 확실히 나지는 않았지만, 비록 느리더라도 변화는 일어나고 있다. 일례로 인문계 고등학교(김나지움)의 장벽이 어느 정도 완화되어 실업고(하우프트슐레)에도 대학 입학의 문호가 부분적으로 개방되고, 또 대학 입시에서도 일부 학과들을 중심으로 점수에 따른 경쟁 체제를 도입하는 경우가 늘었다. 하지만 독일은 대단히 신중하게 한국식 교육에 대해 논의한 끝에 "우리는 여전히 우리 교사들을 믿는다"는 말과 함께 한국을 모델로 교육을 개혁하자는 식의 주장을 모두 폐기하였다.

하지만 PISA 결과에 연연하지 않겠다던 독일은 꾸준히 PISA 점수를 높였고 평균 이하의 하위권이었던 2000년 이래 특별한 교육 개혁 없이 매회 조금씩 점수를 높이면서 꾸준히 향상되는 저력을 보이는 중이다.

한편 PISA 2000 때만 해도 그런대로 괜찮은 성적을 거두었던 일본은 2003년 이후 패닉에 빠졌다. 한국보다 한참 뒤처졌다는 사실을 받아들이기 어려웠던 것이다. 원래 일본은 세계적으로 학습 강도가 높고 최악의 입시 교육으로 유명했다. 우리나라 학생들을 괴롭히는 그 난이도 높은 시험 문제들, 그리고 강도 높은 보충수업을 하는 입시학원의 뿌리가 거의 대부분 일본에서 왔음은 익히 알려진 사실이다.

그러던 일본은 1990년대 이후 지식 위주의 입시 교육에서 인간적인 경험과 문화를 중시하는 이른바 '유도리(ゆとり) 교육' 쪽으로 교육 방침을 선회하였다. 유도리 교육으로의 전환은 일본 교원노조의 요구와 지식정보사회로 변해가는 세계에 미리 대비한다는 나카소네 야스히로 총리의 뜻이 일치하면서 이루어졌다. 당시 일본은 잃어버린 10

넌이 끝없이 연장되면서 잃어버린 세대로 확장되는 장기침체에 시달리고 있었다.

그런데 PISA 2003의 결과는 그런 일본인들, 특히 우파 정치인들에게 이 어려움에 대한 핑계거리를 만들어주었다. 유도리 교육 때문에 젊은이들이 힘든 일을 기피한다, 독립심이 부족하다, 열심히 성취하려 하지 않고 게으르다 등등 비난이 쏟아졌다. 여기에 결정적으로 '한국보다 못하다니!'라는 민족 감정까지 자극받았다.

그 결과는 유도리 교육의 후퇴였다. 학습 부진아를 남겨서 반 강제적인 방과후 수업을 시키는 등의 조치가 취해졌다. 그런데 이 보충수업이 모두 무보수로 이루어졌기 때문에 이는 교사들의 업무 부담을 크게 늘려놓았고, 결국 교사들의 이직률이 기록적으로 높아지는 결과를 가져왔다.

세계 각국이 이렇게 PISA 결과에 반응하자, 외국 반응에 민감한 우리나라가 다시 자극 받았다. PISA 2000 결과를 보도할 때 언론의 논조는 "우리 학생들이 세계 수준의 학업성취도를 보였다" 정도였는데, PISA 2003과 2006을 지나며 "세계 최고를 다툰다"는 쪽으로 격앙되었다. 심지어 우리나라 언론사들은 OECD에서 공식적으로 집계하지 않는 세 영역 합산 순위까지 매겨 종합 순위를 산출하는 극성을 보여주었다.

## 핀란드! 핀란드?

그렇게 순위 집계에 열을 올린 결과가 바로 진보, 보수를 가리지 않고 일어났던 핀란드 교육 열풍이다. 종합 순위를 매겨보니 우리나라가 핀란드 다음으로 세계 2위를 차지했던 것이다. 이때부터 핀란드, 더 나아가 북유럽 교육에 대한 관심이 폭발했다. 진보 보수를 막론하고 핀란드 교육 순례단이 우후죽순처럼 꾸려졌다. 핀란드에 한 번 갔다 오지 않으면, 하다못해 핀란드에 대해 한두 마디 하지 않으면 교육 운동한다고 말도 못 꺼내는 상황이 되었다.

협력 학습과 자율성을 바탕으로 하면서도 PISA에서 1등을 하는 핀란드의 사례는 진보 진영에서 교육 개혁을 요구하는 근거로 계속 활용되었다. 핀란드의 높은 성취는 세계 속에서 다른 나라와 경쟁하고 이겨야 한다는 강박관념과 순위에 대한 집착이 강한 한국인에게 교육 개혁의 필요성을 호소할 수 있는 근거가 되었다.

핀란드 교육에 대한 관심은 비단 우리나라에서만 요란했던 것은 아니다. 이른바 선진국들 중 한국의 입시·경쟁 교육을 벤치마킹하기엔 자존심이 상했던 미국, 일본, 유럽 여러 나라들에게 핀란드 교육의 성취는 귀가 솔깃한 결과였다. 온 세계에서 핀란드 학교 시찰이 줄을 이었다.

하지만 정작 그 본거지인 북유럽에서는 핀란드 교육에 대해 그리 높이 평가하지 않았다. 노르웨이 정도가 간간히 상위권에 모습을 드러낼 뿐 주로 중하위권에서 맴돌고 있는 스웨덴과 덴마크에서 초조한 모습으로 핀란드 교육을 벤치마킹하는 모습을 찾기 어려운 점은 놀라운 일이었는데, 여기에 주목하는 사람들은 거의 없었다.

그리고 다시 3년 뒤, PISA 2006 결과가 발표되는 2007년에는 전에 없던 관심이 집중되었다. 이제야 말로 핀란드를 따라잡고 세계 1위를 할 수 있다는 기대감도 있었고, 세계를 놀라게 한 핀란드와 한국이 과연 비슷한 성취를 유지할 수 있을지 아니면 다만 한 번의 이변으로 끝나고 말지에 대한 관심도 있었다.

결과는 어땠을까? 핀란드는 여전히 굳건하게 자리를 지켰다. 반면 우리나라는 과학에서 큰 폭으로 하락하면서 전체적으로 부진한 모습을 보여주었다. 우리나라 진보 진영, 그리고 유럽 선진국들은 "거 봐라!" 식의 반응을 보였다. 동시에 속으로는 1등을 해야 한다는 강박이 작용하면서 교육계에는 "우리도 핀란드처럼!"이라는 흐름이 형성되었다. 김상곤 경기도 교육감이 '혁신학교' 화두를 꺼낸 동기가 이것은 아니라 할지라도, 이를 설득하는 중요한 소재로 PISA에서의 부진이 크게 작용하였음은 부정하기 어렵다.

그런데 정작 유럽, 특히 독일에서 핀란드 교육에 대한 평가는 냉정했다. 그들의 결론은 핀란드 교육이 성공했다기보다는 문자 그대로 핀란드 학생들이 PISA에서 우수한 성적을 거둔 것에 불과하다는 것이었다. 독일을 비롯한 유럽 국가들의 논리는 다음과 같이 정리할 수 있다.


1. 독일이나 프랑스 학생들은 PISA와 같은 방식의 표준화된 선택형 평가에 익숙하지 않으나, 핀란드 학생들은 여기에 익숙하다. 실제로 서유럽에서는 선택형 평가는 물론 지필고사 자체가 드물다. 논술이나 구술평가를 많이 실시하기 때문이다.

2. 독일이나 프랑스에 비해 핀란드는 공용어에 익숙하지 않은 이민자 자녀들이 많지 않다. 실제로 독일에는 동유럽, 프랑스에는 아프리카 출신 이민자들이 많이 몰려오고 있다. 그런데 PISA는 모든 문제가 평가가 치러지는 나라의 언어로 출제되기 때문에 이민자가 많은 나라는 불리할 수밖에 없다.
3. 핀란드는 교사들에 대한 존경도가 높고, 또 교사들이 매우 높은 수준의 교육을 받은 계층에서 공급되고 있다.
4. 핀란드의 교육은 독일, 프랑스, 스웨덴의 기준에서는 상대적으로 경쟁 지향적이고 성취 지향적이다. 핀란드 청소년의 높은 자살율은 총기 사용이 자유로운 환경과 더불어 경쟁적이고 성취 지향적인 사회 풍토가 스트레스를 크게 높이기 때문이기도 하다.

우리 눈에는 경쟁 없는 협력 학습으로 보이는 핀란드 교육이 다른 유럽 나라들에는 경쟁 교육으로 보인다는 점이 놀랍다. 그렇다고 핀란드가 우리의 관점으로도 경쟁적으로 보일 정도의 교육을 하는 것은 아니다. 다만 핀란드는 유럽에서 우리가 시험이라고 부르는 유형의 평가를 가장 많이 실시하는 나라에 속한다(그러나 그 평가 결과를 놓고 수시로 학생들의 순위를 매기거나 하지는 않는다). 바로 이웃나라인 스웨덴이나 덴마크와 비교해 보면 핀란드 교육이 그 지역에서는 상당히 경쟁적이라는 것을 확인할 수 있다.

스웨덴이나 덴마크는 성취보다는 공동체의 구성원이 되는 것을 강조한다. 그래서 이들 나라는 인재를 기르기보다 시민을 양성하는 것을 공교육의 목표로 삼고 있다. 먼저 시민이 되고, 인재는 그다음에 되는 것이다. 이는 교사가 충원되는 계층의 차이를 통해서도 더욱 확연히 드러난다. 덴마크나 스웨덴에서는 지적으로나 도덕적으로 그 나라 시민들의 표준적인 수준을 대표하는 사람들이 교사가 되는 반면, 핀란드는 최고의 엘리트에 속하는 사람이 교사가 된다. 애초에 핀란드의 교육은 '공화국의 평민'을 기르는 것을 목적으로 하지 않았다. 핀란드는 우리나라와 마찬가지로 인간자본론의 관점에서 부족한 부존자원과 자본을 교육을 통한 인재 양성으로 극복하자는 뚜렷한 목적을 가지고 교육 개혁에 국가의 힘을 쏟아 부었다. 이는 '교육입국'이라는 동아시아 성장 모델과 크게 다르지 않다.

게다가 서유럽 학생들이 동아시아에 비해 국가나 민족에 대한 의식이 약한 것도 간과할 수 없다. 우리나라에서는 PISA 평가 대상으로 선정된 학생들을 '국가대표'로 생각하지만, 전체주의의 참화를 경험했던 독일이나 덴마크에서 이런 기대는 오히려 역효과를 부를 수 있다. 이들 나라의 학생들은 우리나라 학생들에 비해 '덜' 진지한 자세로 시험을 치를 가능성도 배제할 수 없다. 그러므로 독일이나 프랑스 쪽에서 핀란드 교육 혹은 우리나라의 PISA 성취에 대해 냉정하게 평가하는 것은 결코 자존심이 상해서라거나 시기심 때문에 한 말이 아니다.

# 상위권을 판쓸이한
# 동아시아

2009년 이후에는 핀란드가 아니라 다시 동아시아 교육이 세계의 주목을 받게 되었다. PISA 2009의 결과를 바탕으로 한국식 종합 순위를 매겨보면 상하이, 홍콩, 핀란드, 싱가포르, 대한민국 순서로 아직도 핀란드가 건재함을 확인할 수 있다. 이 중 특수한 지역인 상하이와 홍콩을 제외하면 사실상 핀란드, 싱가포르, 대한민국이 1, 2, 3위이며 OECD 국가만 놓고 따지면 핀란드와 대한민국이 1, 2위다. 그래서 우리나라 사람들에게는 공부 하면 핀란드가 1등, 한국은 2등이라는 식의 생각이 상식처럼 굳어졌다.

이 결과는 교육감 선거가 실시되던 2011년에 큰 힘을 발휘했다. 진보 교육감 후보들이 전면에 내세웠던 혁신학교가 결국 '세계 1등 핀란드와 같은 학교'로 받아들여졌기 때문이다. 물론 혁신학교 운동에 헌신했던 선구적인 교사들이 여기에 동의했던 것은 아니다. 하지만 우리와 무척 다른 교육 체제를 가진, 거의 상극에 가까운 핀란드가 PISA에서 번번이 우리나라보다 위에 있지 않았다면 혁신학교에 대한 폭넓은 지지를 모으기도 쉽지 않았을 것이다. 하지만 그러는 동안 우리는 싱가포르, 홍콩, 일본 등 핀란드를 포위하고 들어오는 동아시아 나라들의 거센 압박에는 별로 주목하지 않았다.

Pisa 2009 결과

| | 읽기 | | | 수학 | | | 과학 | |
|---|---|---|---|---|---|---|---|---|
| 국가 | 순위 | 평균 | 국가 | 순위 | 평균 | 국가 | 순위 | 평균 |
| | | | 싱가포르 | 2 | 562 | 핀란드 | 2~3 | 554 |
| 핀란드 | 2~4 | 536 | 홍콩 | 3~4 | 555 | 홍콩 | 2~3 | 549 |
| 홍콩 | 3~4 | 533 | | | | 싱가포르 | 4~6 | 542 |
| 싱가포르 | 5~6 | 526 | 대만 | 4~7 | 543 | 일본 | 4~6 | 539 |
| 캐나다 | 5~7 | 524 | 핀란드 | 4~7 | 541 | | | |
| 뉴질랜드 | 6~9 | 521 | 리히텐슈타인 | 5~9 | 536 | 뉴질랜드 | 6~9 | 532 |
| 일본 | 5~9 | 520 | 스위스 | 6~9 | 534 | 캐나다 | 7~10 | 529 |
| 호주 | 8~10 | 515 | 일본 | 8~12 | 529 | 에스토니아 | 7~11 | 528 |
| 네덜란드 | 8~16 | 508 | 캐나다 | 9~12 | 527 | 호주 | 7~11 | 527 |
| 벨기에 | 10~14 | 506 | 네덜란드 | 8~13 | 526 | 네덜란드 | 7~16 | 522 |
| OECD | – | 493 | OECD | – | 496 | OECD | – | 501 |

그러던 중 PISA 2012에서 동아시아의 판쓸이 구도가 나타났다. 그동안 늘 우리보다 높은 순위를 차지해서 이른바 교육계 진보 진영에게는 일종의 이상으로 여겨졌던 핀란드가 동아시아의 공세에 밀려나고 만 것이다(그럼에도 불구하고 우리나라는 여전히 최상위권 자리를 굳건히 지키고 있다). 애초에 학생의 행복, 인권 따위가 아니라 '순위' 때문에 핀란

드를 추종했기 때문에, 핀란드의 순위 하락은 우리나라 교육 개혁의 원기를 크게 손상시켰다. 여기저기서 "핀란드는 끝났다"는 식의 말이 들려왔다. 심지어 교육 개혁을 주장하던 사람들도 "거 봐라, 내가 핀란드는 아니라고 했지?"라며 비아냥댔다. 그러면서 다음 대안으로 요즘은 덴마크나 스웨덴이 유행이다.

이를 계기로 보수 진영에서는 진보가 틀렸고, 핀란드를 따라하자던 혁신학교가 틀렸으며, 역시 치열한 경쟁과 철저한 지식 교육이 우리의 강점이라는 주장을 펼 수 있게 되었다. 또 진보 진영에서도 핀란드가 더 이상 1위가 아니기 때문에 목소리에 힘이 많이 빠졌다.

하지만 핀란드가 몰락했다고 주장하는 것도 지나치고, 또 우리나라 교육이 계속 북유럽 국가 어딘가를 벤치마킹해야만 한다고 주장하는 것도 지나치다. 핀란드는 1위 자리를 내어주었을 뿐, 여전히 상위권에 남아 있기 때문이다. 핀란드가 OECD 평균에도 미치지 못할 정도의 성적을 보인 것이 아니라면 이를 섣불리 단정할 수는 없다.

어쨌든 PISA 2012를 단지 순위라는 측면에서만 바라보면 다음 표에서 확인할 수 있듯이 핀란드의 몰락, 한국의 건재, 중화권의 판쓸이, 돌아온 일본 이렇게 네 가지 키워드로 정리할 수 있을 것이다.

그 가운데서도 홍콩, 싱가포르, 대만, 일본, 대한민국 등 동아시아의 강세가 단연 눈에 띈다. 우선 우리나라의 강남 격인 상하이를 제외하더라도 읽기, 수학, 과학 세 영역을 홍콩과 싱가포르가 마치 주거니 받거니 하듯 1위를 하는 모습이 두드러진다. 여기에 대만, 일본, 마카오까지 상위권을 차지하고 있으니 가히 동아시아의 전성시대라 할 만

하다. 동아시아 교육 모델은 그동안 절대적인 권위를 가진 교사, 엄격한 학교 규율, 지식 위주의 빽빽하고 강도 높은 교육과정으로 대표되어 왔다. 그런데 한동안 지양해야 할 방향으로 여겨졌던 이런 교육 방식은 동아시아 국가들이 보여준 PISA에서의 선전으로 다시 세계의 주목을 받기 시작했다.

PISA 2012 결과

| 읽기 | | | 수학 | | | 과학 | | |
|---|---|---|---|---|---|---|---|---|
| 국가 | 순위 | 평균 | 국가 | 순위 | 평균 | 국가 | 순위 | 평균 |
| 홍콩 | 2~4 | 545 | 싱가포르 | 2 | 573 | 홍콩 | 2~3 | 555 |
| 싱가포르 | 2~4 | 542 | 홍콩 | 3~5 | 561 | 싱가포르 | 2~4 | 551 |
| 일본 | 2~5 | 538 | 대만 | 3~5 | 560 | 일본 | 3~6 | 547 |
| 대한민국 | 3~5 | 536 | 대한민국 | 3~5 | 554 | 핀란드 | 4~6 | 545 |
| 핀란드 | 6~10 | 524 | 마카오 | 6~8 | 538 | 에스토니아 | 5~7 | 541 |
| 아일랜드 | 6~10 | 523 | 일본 | 6~9 | 536 | 대한민국 | 5~8 | 538 |
| 대만 | 6~10 | 523 | 리히텐슈타인 | 6~9 | 535 | 베트남 | 7~15 | 528 |
| 캐나다 | 6~10 | 523 | 스위스 | 7~9 | 531 | 폴란드 | 8~16 | 526 |
| 폴란드 | 7~14 | 518 | 네덜란드 | 9~14 | 523 | 캐나다 | 8~14 | 525 |
| 에스토니아 | 10~14 | 516 | 에스토니아 | 10~14 | 521 | 리히텐슈타인 | 8~17 | 525 |
| OECD | – | 496 | OECD | – | 494 | OECD | – | 501 |

수학만 잘하고 읽기와 과학에서 취약한 모습을 보여주었던 대만은 읽기에서도 약진하여 상위권을 차지하면서 본격적으로 실력 발휘를 하는 모습이다. 대만이 읽기, 과학 영역에서 다른 동아시아 나라들에 비해 뒤떨어졌던 것은 작은 나라임에도 불구하고 무려 네 개의 언어가 사용되는 다민족 국가라서 문항이 표준 중국어로 출제되었을 경우 이를 정확하게 이해하지 못하는 학생들이 낮은 점수를 받아 평균에

영향을 준 까닭으로 보인다.

한편 상위권에서 자취를 감추었던 일본이 다시 등장하여 읽기와 과학에서 우리나라를 앞지른 것도 눈에 띈다. 특히 동아시아 교육 모델의 원조였다가 유도리 교육으로 변모했던 일본이 다시 전통적인 방식으로 돌아오기가 무섭게 상위권으로 급부상한 상황은 실제 역량과 무관하게 적어도 PISA 점수에 관한 한 동아시아 교육 방식을 대체할 모델이 없음을 보여주고 있다. 결국 PISA가 실제 소양을 측정하는 척도로서 제 기능을 하지 못하고 있거나, 아니면 동아시아 교육 모델이 실제 소양 함양에 매우 유용하다는 의미다.

그런데 PISA 2012에서 가장 놀라운 결과는 '창의적 문제해결 능력'이라는 새로 신설된 부문에서 일어났다. 동아시아 나라들이 각종 학업성취도평가에서 우수한 성적을 거둔 것은 사실 새로운 일이 아니다. 그래서 그동안 유럽이나 미국에서는 그 의의를 대체로 축소 해석하는 경향이 강했다. 강도 높은 주입식 교육이 이루어지기 때문에 학생들이 보유하고 있는 지식이나 기술의 양은 많을지 몰라도, 사고가 경직되어 있기 때문에 실제 상황에서 이를 활용하거나 새로운 방법을 시도할 유연성과 창의성은 부족할 것이라는 예측이 대표적이다. 심지어 여기에 대해서는 동아시아 나라들 스스로도 인정했다. 유럽이나 미국 학생들은 공부는 못해도 더 창의적이고 문제해결 능력이 뛰어날 것이라는 막연한 선입관도 이런 해석과 맥을 같이한다.

그런데 막상 결과를 놓고 보니, 전혀 엉뚱한 결과가 나타났다. 이름부터 노골적인 '창의적 문제해결 능력'에서 그야말로 창의성과 거리

| 순위 | 국가 | 평균 |
|---|---|---|
| 1 | 싱가포르 | 562 |
| 2 | 대한민국 | 561 |
| 3 | 일본 | 552 |
| 4~5 | 마카오 | 540 |
| | 홍콩 | 540 |
| 6 | 상하이 | 536 |
| 7 | 대만 | 534 |
| 8 | 캐나다 | 526 |
| 9~10 | 호주 | 523 |
| | 핀란드 | 523 |
| – | OECD | 500 |

가 먼 주입식 교육, 지식 습득 훈련을 강도 높게 받는다고 알려진 동아시아 국가들이 거의 독주하다시피 한 것이다. 그나마 동아시아에서 가장 지독한 주입식 경쟁 교육이 이루어지고 있는 상하이가 다른 영역에서와 달리 이 영역에서 5위권 밖으로 밀려난 것이 눈에 띈다. 하지만 그를 제외하면 1위 싱가포르에서 7위 대만까지 모두 동아시아 국가 일색이다.

　전통적으로 창의력이 높을 것이라고 여겨졌던 북미와 유럽 국가들은 8, 9, 10위에 이름을 올렸다. 그런데 8위와 9위를 차지한 캐나다와 호주 역시 화교를 비롯해 교육열이 높은 동아시아 이민자들이 비교적 많은 국가에 속한다(미국도 이들 못지않게 동아시아 이민자들이 많지 않느냐 반문할 수 있지만 미국의 경우는 라틴아메리카계, 아프리카계 학생들이 그 효과를 상쇄시켰을 가능성을 배제할 수 없다). 결국 창의적 문제해결력의 상위 10개국에서 동아시아 학생들과 무관한 나라는 10위에 턱걸이한 핀란드뿐이다. 창의적인 교육을 해야 한다고 주장하던 우리나라 교육 운동가들에게 일종의 서방정토 역할을 했던 핀란드로서는 참으로 난감한 성적이 아닐 수 없다. 게다가 핀란드 역시도 유럽 국가들 사이에서는 강도 높은 학습을 하는 국가에 속한다.

# PISA 12년,
# 무엇이 바뀌었나?

    PISA는 장기간에 걸쳐 세계 교육에 대한 데이터를 수집하고, 분석하는 것을 목적으로 하고 있다. 이 방대한 종단 자료는 2000년부터 3년마다 읽기, 수학, 과학순으로 수집되고 있다. 따라서 2012년까지의 결과만 발표된 현재 10년 이상 축적된 자료를 확보할 수 있는 영역은 읽기 영역뿐이다.

    다음 표는 2000년과 2012년 PISA 읽기 영역에서 눈에 띄는 증감이 관측된 나라들을 모아놓은 것이다. 통계적 의미가 크지 않은 경우도 있지만, 일단 증감폭이 눈에 띄는 경우는 모두 파란색으로 표시하였다. 우선 OECD 전체 평균은 2000년에서 2012년 사이 겨우 2점이 증가했을 뿐 의미 있는 변화는 없다. 그동안 수없이 평가를 하며 각국 교육제도의 장단점을 공유하고, 교육 개혁을 도모한다던 PISA의 당초 목적이 기대만큼의 효과를 거두지 못하고 있음을 보여주는 수치다. 이 결과만 놓고 보면 지난 10년 동안 전 세계를 대상으로 PISA를 실시하고 보고서를 작성하고 이를 교육정책에 참고하도록 권장하였음에도 불구하고, 동아시아와 독일을 제외한 세계 대부분의 나라에서 교육 성취는 그다지 향상되지 않았음을 알 수 있다.

PISA 2000~2012 읽기 영역의 국가별 평균점수

| 국가 | 읽기 영역의 평균점수 | | | | | 점수차 |
| | 2000 | 2003 | 2006 | 2009 | 2012 | 2012-2000 |
| --- | --- | --- | --- | --- | --- | --- |
| 홍콩 | 525 | 510 | 536 | 533 | 545 | 19 |
| 일본 | 522 | 498 | 498 | 520 | 538 | 16 |
| 대한민국 | 525 | 534 | 556 | 539 | 536 | 11 |
| 핀란드 | 546 | 543 | 547 | 536 | 524 | -22 |
| 캐나다 | 534 | 528 | 527 | 524 | 523 | −11 |
| 대만 | – | – | 496 | 495 | 523 | 27 |
| 폴란드 | 479 | 497 | 508 | 500 | 518 | 39 |
| 뉴질랜드 | 529 | 522 | 521 | 521 | 512 | -17 |
| 호주 | 528 | 525 | 513 | 515 | 512 | 16 |
| 스위스 | 494 | 499 | 499 | 501 | 509 | 15 |
| 독일 | 484 | 491 | 495 | 497 | 508 | 24 |
| 미국 | 504 | 495 | – | 500 | 498 | −7 |
| 포르투갈 | 470 | 478 | 472 | 489 | 488 | 18 |
| 이스라엘 | 452 | – | 439 | 474 | 486 | 34 |
| 스웨덴 | 516 | 514 | 507 | 497 | 483 | -33 |
| 러시아 | 462 | 442 | 440 | 459 | 475 | 13 |
| 칠레 | 410 | – | 442 | 449 | 441 | 32 |
| 태국 | 431 | 420 | 417 | 421 | 441 | 11 |
| 브라질 | 396 | 403 | 393 | 412 | 410 | 14 |
| 인도네시아 | 371 | 382 | 393 | 402 | 396 | 26 |
| 페루 | 327 | – | – | 370 | 384 | 57 |
| OECD | 496 | 497 | 490 | 496 | 498 | 2 |

그런데 이런 와중에도 홍콩은 2000년에 비해 2012년에 19점이나 향상되었다. 이 차이는 통계적으로 유의미하다. 마찬가지로 일본 역시 12년 동안 16점을 높였고, 우리나라도 11점 향상했다. 한편 첫 번째 PISA에서 OECD 평균에 한참 못 미치는 평균을 보여 공부 못하는 나라로 낙인찍힌 독일은 회를 거듭할 때마다 티 안 나게 조금씩 한 번의 후퇴도 없이 향상시켜 2012년까지 무려 24점을 높여놓는 저력을 보여주었다.

반면 우리나라에서 대안적인 교육 모델로 각광받았던 핀란드와 스웨덴은 모두 12년 사이에 각각 22점, 33점씩 큰 폭으로 하락했다. 특히 스웨덴은 OECD 평균에 크게 미치지 못해, 12년 전 독일이 공부 못하는 나라라는 빈축을 샀던 딱 그 수준이 되었다. 또 미국 역시 큰 폭은 아니지만 낙제학생 방지법 등 학교 간 경쟁을 부추기는 강경한 정책을 계속 실시했음에도 불구하고 12년간 OECD 평균 수준을 계속 유지하는 데 그쳤다.

오히려 긍정적인 효과는 OECD 비회원국들에서 나타났다. 브라질, 인도네시아, 페루, 러시아, 칠레, 태국, 이스라엘 등 비회원국들은 거의 대부분 12년 동안 작게는 10점 크게는 수십 점씩 성취도가 향상되었다. 그 결과 회원국과 대부분이 개발도상국에 속하는 비회원국 간의 성취도 격차는 지난 12년 사이에 눈에 띄게 줄어들었다.

이러한 결과가 나타난 데는 다음과 같은 이유가 있을 수 있다.

첫째, PISA의 조사 결과가 각국 교육정책에 별 영향을 주지 않았다. PISA는 평가 결과에 대한 다양한 피드백을 제출하였다. 그러나 대부분의 국가들은 서로의 평균점수를 비교하는 데 쏟는 정도의 관심을 이 피드백에까지 기울이지는 않았다. 다만 주위를 환기하는 정도에 그쳤을 뿐, PISA의 결과가 실제로 참가국의 교육정책이나 제도를 바꾼 경우는 많지 않았다.

둘째, 선진국들이 나름의 교육제도와 정책에 대해 방어적이다. 선진국들은 PISA 결과가 좋지 않게 나왔을 경우에도 이를 심각하게 받아들이지 않는 경향이 있었다. 동아시아 국가들이 상위권을 차지하는 결과가 나왔지만, 동아시아 교육을 따라하려는 시도를 보여준 선진국은 미국 정도에 불과했다. 대부분의 유럽 선진국들은 오히려 PISA의 검사 타당성을 문제 삼거나 그 의미를 축소하는 모습을 보여주었다. 그럴 만도 한 것이 대부분의 선진국들이 운용하는 교육제도와 정책은 100년 이상의 토론과 시행착오 끝에 정착된 것이다. 나름대로의 검증을 거친 이런 시스템을 타당성이 확보되지 않은 몇 번의 평가 결과 때문에 뒤집기는 어렵다.

셋째, 통계적 회귀 현상이다. 선진국의 성취도는 오랜 세월을 통해 정착된 교육제도와 정책의 결과다. 이 결과는 대개 통계적으로 안정된 상태여서 몇몇 변인이 있다고 해서 쉽사리 바뀌지 않는다. 그러나 개발도상국의 교육은 아직 부족한 부분이 많고 충분히 정착된 제도가 아니기 때문에 약간의 변화로도 그 결과가 크게 달라질 수 있다. 마찬가지로 PISA의 영향력도 선진국에 비해 더 크게 나타날 수밖에 없다. 물론 이들 국가 역시 OECD 평균 수준에 도달한 이후로는 계속해서 상승세를 유지하기가 쉽지 않을 것이다. 전교 꼴등인 학생은 조금만 공부해도 평균을 10점씩 올릴 수 있지만, 전교 10등인 학생은 1점을 올리기도 쉽지 않은 것과 같은 이치다.

# 왜 순위가 높은데도
# 인재는 부족할까?

3년마다 발간되는 PISA의 공식 보고서는 모두 수백 쪽에 이른다. 보고서는 회를 거듭할 때마다 점점 방대해져서 PISA 2012의 경우 300쪽짜리 책 여섯 권으로 발간될 정도였다. 우리나라의 주된 관심사인 국가별 점수와 순위가 PISA 데이터의 가장 중요한 정보라면, 이렇게 방대한 양의 보고서는 사실상 엄청난 낭비인 셈이다. 하지만 만일 그 밖에 더 중요한 정보가 있는 것이라면, 점수와 순위에만 관심을 기울인 우리나라는 귀중한 정보를 제대로 활용하지 못한 셈이 된다.

실제로 PISA 보고서에서 각 나라별 평균점수와 순위는 구체적인 분석을 제시하기 전에 보여주는 단순한 기술적 통계(descriptive statistics)에 지나지 않는다. 그냥 결과가 이렇다 하고 한번 보여주는 것이다. 진짜 제대로 된 통계는 그다음부터 이어진다. 알고자 하는 사실, 입증

하고자 하는 사실을 위해 이 자료를 바탕으로 분석을 시행하고 추론을 전개하는 것이다.

그렇다면 OECD는 무엇을 알기 위해 이 방대한 조사를 한 것일까? 어느 나라가 공부를 잘하나 순위를 매겨보기 위해서가 아님은 분명하다. OECD가 PISA를 통해 밝히고자 하는 것은 각 영역별 소양을 함양하는 데 도움이 되거나 방해가 되는 각종 사회적, 경제적, 문화적, 제도적, 심리적 요인을 파악하는 것이다.

이를 위해 PISA는 매회 중점 영역을 설정하여 이러한 요인을 파악하기 위한 집중 분석을 실시하여 방대한 보고서로 제출하였다. 이에 따라 2000년에는 읽기, 2003년에는 수학, 2006년에는 과학이 차례로 분석되었다. 다시 2009년에는 읽기, 2012년에는 수학, 2015년에는 과학이 집중 분석 대상이다.

## 반쪽짜리 일등 : 똑똑한 소비자는 많지만 인재는 부족한 동아시아

PISA가 중요하게 여기는 자료는 평균이나 순위보다는 학생들의 분포다. 얼마나 많은 학생들이 5등급 이상에 분포하고, 또 얼마나 적은 학생들이 3등급 미만에 분포하는지가 중요한 의미를 지닌다.

읽기 영역에서 5등급을 받았다면 생소한 텍스트에서 찾기 어려운 정보를 찾아내고, 그렇게 찾은 정보 가운데 어떤 것이 구체적인 상황에 적합한지 추려내며, 텍스트를 비판적으로 검토하여 적절한 가설을 수립할 수 있을 정도의 수준을 말한다. PISA가 5등급 학생의 비율에 관심을 기울이는 까닭은 바로 이런 능력이 이른바 지식노동자로서 새로운 지식과 정보를 창조할 수 있는 수준이기 때문이다. 이 등급에 해당하는 학생들은 앞으로 그 나라의 인재 풀을 이룰 것이며, 잠재적인 생산력의 원천이 될 것이다.

반면 3등급에 못 미치는 학생들은 PISA가 말하는 읽기 소양을 갖추지 못한 학생들이다. OECD가 기대하는 읽기 소양은 다만 문자를 해독하고 문장을 이해하는 수준을 훨씬 넘어서는 수준이다. 적어도 읽은 내용을 바탕으로 자신의 삶에 이를 적용시킬 수 있는 수준은 되어야 한다. 하지만 2등급은 매우 직접적으로 기술된 문장을 이해하고 이를 적용할 수 있는 수준에 불과하다. 스스로 학습할 수 있는 능력까지는 아니라는 뜻이다. 이는 곧 지식정보사회에서 노동자로서 일하기에 부적합하다는 뜻이다.

경제적으로 말하자면 지식정보사회에서 5등급은 새로운 가치를 창출하는 인적자원에 속한다. 3등급은 지식노동자로서 일할 수 있는 최소한의 능력을 가진 인적자원이다. 2등급은 생산되는 상품을 사용할 수 있는 소비자의 하한선이다. 다시 말해 2등급에도 미치지 못하는 학생들은 장차 OECD가 예견하는 지식정보사회에서 노동자로서도 소비자로서도 기능할 수 없는 사실상 잉여 인간이다. 예컨대 스마트폰을 구입하는 사람은 적어도 스마트폰을 이용할 수 있거나 그럴 잠재력이 있는 사람일 것이다. 글자나 겨우 읽는 사람에게 스마트폰이나 태블릿 혹은 구글이나 아마존 같은 상품과 서비스는 무용지물에 불과하다는 의미다.

이렇게 분석할 경우 우리는 단순히 순위나 평균만으로는 알 수 없었던 중요한 정보를 PISA 결과로부터 얻을 수 있다. 다음 그래프는 읽기 영역에서 3등급 미만의 학생들이 적은 나라를 순서대로 나열한 것이다. 상위에 위치할수록 지식노동자로 일할 수 있는 잠재적 인적자원을 많이 보유했다는 뜻이다.

읽기 영역의 국가별 등급 분포(PISA 2000)

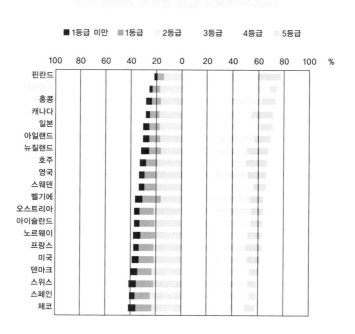

먼저 3등급 이상 학생의 비율이 가장 높은 나라는 핀란드였다. 핀란드는 78%가 3등급 이상을 기록하였고, 특히 5등급 이상의 학생도 전체의 18%나 되었다. 다섯 명 중 한 사람이 이른바 인재급인 것이다.

우리나라는 3등급 이상 학생의 비율은 76%로 핀란드 다음으로 2위를 차지했지만 5등급 이상 학생의 비율은 6%에 불과했다. 그래서 우리나라는 최상위권인 5등급 이상 학생들의 비율로 다시 순위를 매길 경우 순식간에 20위로 떨어지면서 대부분의 선진국보다 뒤로 처지게 된다. 최상위권 학생이 부족한 현상은 같은 동아시아권인 홍콩, 일본의 경우도 마찬가지였다. 이들 국가는 전체 평균이나 3등급 이상의 비율로는 최상위권이지만 5등급 이상의 학생 비율을 기준으로 하면 우리나라와 마찬가지로 10위권 밖으로 밀려났다. 여기서 우리는 대한민국을 포함한 동아시아 국가들의 높은 학업성취도가 반쪽짜리였음을 확인할 수 있다.

PISA의 목적은 결국 각 나라에 지식노동자로서 창의적인 아이디어로 새로운 상품을 개발할 수 있는 인재가 얼마나 확보되어 있는지, 그리고 지식정보사회의 구성원으로서 최소한의 기준에도 못 미치는 학생들이 얼마나 되는지 확인하는 것이다. 전자를 중요하게 생각하는 건 쉽게 이해가 되지만 후자가 왜 중요한지는 선뜻 이해가 되지 않을 수 있다.

3등급 미만의 학생들이 많고 적음이 의미하는 것은 무엇일까? 경제적 관점에서 이 기준에 미달되는 학생들이 많으면 그만큼 미래의 지식정보 상품의 시장이 위축되는 결과를 불러온다. 즉 지식정보 상품을 소비하려면 어느 정도의 능력이 필요하다는 것이다. 그런데 동아시아의 경우 생산자가 될 수 있는 인재 풀은 그리 풍부하지 않은 반면, 소비자의 자격에 미달되는 학생은 거의 없다. 이렇게 중위권이 두터운 분포가 동아시아 국가들의 평균점수와 순위를 높인 것이다.

사실 평균을 올리는 방법은 간단하다. 최하위권의 학생들에게 다양한 자극을 주어 이들의 수준을 어느 정도 끌어올리는 것이다. 동아시아 지역의 평균점수가 높은 것도 사실은 여기에 기인한 바가 크다. 유럽이나 미국에 비해 계층·계급의식이 낮은, 즉 자신의 사회경제적 위치를 잘 모르는 동아시아 학부모들이 자신의 처지와 무관하게 자녀만은 최고 수준의 교육을 시키고자 하기 때문에 아무리 가난하더라도 학업 능력만큼은 다른 나라의 빈곤층보다 월등한 것이다.

하지만 학생들의 평균점수, 곧 순위를 올리는 것 자체는 중요하지 않다. 교육 격차를 해소해 가면서 학업도 향상시키는 것이 가장 성공적인 교육 체제다. 우리는 PISA 결과를 보고 한국 학생들이 미국 학생들보다 훨씬 공부를 잘한다고 생각한다. 그러나 정확히 말하면 미국보다 학습 부진아가 훨씬 적어서 전체 평균이 높은 것일 뿐, 최상위권 학생의 비율은 미국이 우리보다 5%나 많다. 인구를 감안하면 결국 지식정보사회의 인재가 미국에 가장 많이 있다는 뜻이 된다. 물론 PISA 지표만 가지고 단정 짓는 것은 무리겠지만, 이는 어째서 공부 못하는 미국이 계속 지식정보의 혁신을 주도하고 공부 잘하는 동아시아는 그 지식정보 상품의 최대 소비자로만 머무는지에 대한 하나의 설명이 될 수도 있다.


다음은 수학 소양이다. PISA 2003의 수학 소양 결과를 앞서 읽기 소양과 마찬가지로 2등급 이상 비율이 높은 순서대로 나열해 보았다. 다만 읽기는 3등급 이상이 기준이었던 데 반해 수학은 2등급 이상을 기준으로 했다. 전체적으로 수학에서 고득점자가 더 적었기 때문이다. 게다가 읽기에 비해 수학 소양에서는 국가 간 격차가 훨씬 심각했다. 그래프에는 표시되지 않았지만 우루과이, 터키 같은 나라는 2등급 이하 학생이 절반에 육박하고, 튀니지, 태국 같은 경우는 아예 학생들의 대부분이 2등급 미만에 분포되어 있었다. 전체 순위를 보면 결과는 역시 핀란드가 가장 높고 우리나라가 두 번째였다. 특히 우리나라와 핀란드에는 2등급 미달 학생이 거의 없었다.

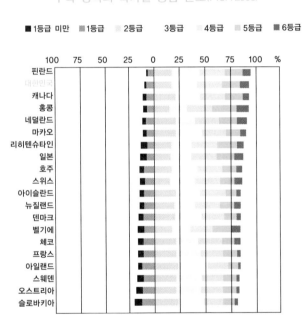

수학 영역의 국가별 등급 분포(PISA 2003)

읽기 영역의 최상위권 비율에서 다른 나라보다 뒤처졌던 우리나라는 수학 소양에서는 5등급 이상 학생의 비율이 상당히 높은 편에 속했다. 반면 핀란드는 평균은 높지만 5등급 이상 학생의 비율에서 우리나라에 미치지 못하는 것으로 나타났다. 미국과 독일은 읽기 소양 영역에서 평균은 중하위권이어도 5등급 이상 학생의 비율은 높았던 데 반해, 수학 소양에서는 평균도 낮을 뿐 아니라 5등급 이상 학생 비율도 낮아 전체적으로 부진한 모습을 보여주었다.

# 4

# PISA를 읽는
# 또 다른 코드

PISA

# 교육 격차의
# 다양한 양상들

학습 소양 외에 PISA가 관심을 가지고 있는 또 다른 주제는 교육 격차다. OECD가 여기에 관심을 가지는 이유는 분명하다. 21세기가 지식정보사회라면 교육에서의 격차가 그대로 사회적 불평등으로 이어질 것이기 때문이다. 불평등의 심화는 경제적으로 시장이 축소된다는 것을 의미한다. 소득이 늘면 거기서 적절한 비율을 소비에 지출하는 중간소득층이 폭넓게 존재할 때 시장에서도 소비가 안정적으로 이루어지는 법이다. 양극화가 심해지면 정치적으로 갈등이 고조될 뿐 아니라 이런 중산층의 기반을 약화시켜 소비시장의 위축을 불러온다.

마찬가지로 국제적 차원에서도 불평등의 심화는 국가 간 경제 불균형을 초래해 글로벌 시장에 악영향을 미칠 수 있다. 국가 간의 교육 격차는 그런 점에서 OECD가 해결해야 할 중요한 문제인 것이다.

PISA가 다각도에서 교육 격차를 분석하고 특히 해를 거듭하며 점차 다양한 인구학, 사회학적 변인들을 투입하여 교육 격차를 설명하고 있는 이유다.

우선 앞서 살펴본 읽기, 수리 영역의 등급 분포를 통해 확인할 수 있는 사실은 개발도상국은 물론 칠레, 멕시코 같은 일부 OECD 국가에서조차 지식정보사회의 노동자, 소비자로서 최소한의 기준에도 미치지 못하는 학생들이 절반이 넘는다는 점이다. 노동자로서도 소비자로서도 제대로 기능하기 어려운 학생들의 비중이 큰 만큼 개발도상국의 경우 앞으로의 성장 가능성이 암담하다는 뜻이다. 그런데 개발도상국이야 그렇다 치더라도, 어느 정도 성장을 이룬 OECD 국가에서조차 기준에 미달하는 학생들이 많다는 것은 그만큼 계급·계층 간의 격차가 커서 빈곤층 비율이 높다는 뜻이다. 이 역시 장차 이들 나라가 성장하는 데 발목을 잡는 요인으로 작용할 가능성이 크다.

다음 그래프는 국가별로 학생들의 성취도 분포를 살펴보기 위한 것이다. 참가국들은 평균점수가 높은 순으로 나열되어 있다. 그래프에서 막대의 오른쪽 끝은 상위 5%에 해당되는 학생들의 점수, 왼쪽 끝은 하위 95%에 해당되는 점수를 나타낸다. 막대의 길이가 길면 상위 5%와 하위 95%의 점수 차이가 크다는 것을 의미한다. 또 막대의 오른쪽 끝이 더 오른쪽에 있을수록 상위권의 점수가 높다는 뜻이며, 왼쪽 끝이 더 왼쪽으로 갈수록 하위권의 점수가 낮다는 뜻이다.

## 읽기 영역의 국가별 성취도 분포(PISA 2000)

| 점수 | 100 | 200 | 300 | 400 | 500 | 600 | 700 | |
|------|-----|-----|-----|-----|-----|-----|-----|--|

핀란드
캐나다
뉴질랜드
호주
아일랜드
홍콩
대한민국
영국
일본
스웨덴
오스트리아
벨기에
아이슬란드
노르웨이
프랑스
미국
덴마크
스위스
스페인
체코
이탈리아
독일
리히텐슈타인
헝가리
폴란드
그리스
포르투갈
러시아
라트비아
이스라엘
룩셈부르크
태국
불가리아
멕시코
아르헨티나
칠레
브라질
마케도니아
인도네시아
알바니아
페루

그래프를 살펴보면 읽기 소양에서 전체 학생의 평균점수는 핀란드가 가장 높았지만 상위 5%의 점수는 뉴질랜드가 가장 높음을 알 수 있다. 또 평균점수로는 중하위권에 속했던 미국과 독일이 상위 5% 학생의 점수로는 홍콩이나 우리나라를 앞서는 것을 확인할 수 있다.

우리나라의 경우 가장 두드러지는 현상은 좌우의 폭이 다른 어느 나라보다 짧다는 것이다. 우리나라의 상위 5% 선은 상위권에 속한 나라는 물론 OECD 대부분의 나라보다 더 낮다. 반면 하위 95% 선은 참가한 그 어떤 나라보다도 월등하게 높았다. 따라서 우리나라는 하위 95%는 월등한 학업 능력을 가지고 있지만, 상위 5%는 다른 나라에 비해 뒤떨어진다고 볼 수 있다. 동아시아 교육 모델이 평균적으로 학생의 수준을 높이는 일에는 매우 효과적이지만 최고 등급의 인재를 양성하는 데는 한계가 있음을 보여주는 결과다.

반면 전체 평균으로는 공부 못하는 나라라고 여겨졌던 미국이나 독일은 막대의 길이가 상대적으로 길다. 그런데 의외로 최상위권의 점수를 나타내는 막대의 오른쪽 끝은 650~700점 사이에 위치해, 이들 나라의 부진한 평균점수는 주로 하위층이 다른 나라보다 특히 더 부진해서 비롯된 결과임을 확인할 수 있다.

헌데 읽기 소양은 하나의 단일한 능력이 아니라 읽기 영역의 몇 가지 능력치를 합산한 것이다. 따라서 그 총점이 높다고 해서 무조건 읽기 소양이 높다고 단정 지을 수는 없다. 읽기 소양 점수가 높더라도 그 결과가 하위의 여러 능력들 중 어느 하나가 지나치게 높아서 일어난 결과라면 이 역시도 문제가 된다. PISA는 읽기 소양을 이루는 여러 능력 중 각 나라 학생들이 대체로 어느 능력에 치우쳐 있는지도 함께 분석하였다.

다음 그래프는 이를 보여주는 것인데, 읽기 소양을 크게 텍스트에서 정보를 획득하는 능력과 텍스트를 반성·비판적으로 고찰하고 평가할 수 있는 능력으로 분류하였다. 여기에서 막대가 왼쪽으로 긴 나라는 정보 획득 능력에 치우친 것이고 오른쪽으로 긴 나라는 반성적, 비판적 읽기 능력에 치우친 것이다.

읽기 영역의 유형별 성취도 분포(PISA 2000)

얼른 생각하면 0에 가까울수록 균형이 잡힌 것처럼 보이겠지만 실제로는 그렇지 않다. PISA는 높은 수준의 문항을 풀 수 있으면 낮은 수준의 문항은 당연히 풀 수 있다고 전제한다. 따라서 실제 결과를 보면 대체로 점수가 낮은 나라들이나 OECD 비회원국들이 왼쪽으로 치우친 경향을 보인다. 즉 저개발 국가일수록 텍스트를 비판적으로 성찰하기보다는 정보 습득의 대상으로 활용한다는 뜻이다. 반면 반성·평가 쪽으로 치우친 나라들은 학생들의 읽기 능력이 치우쳤다고 보기보다는 정보 획득 수준을 넘어 비판적 사고력까지 발달했다고 보는 것이 옳다. PISA읽기 소양 문제는 대체로 주어진 텍스트에서 정보를 획득하지 않으면 고차적 사고력이 요구되는 문항을 풀 수 없도록 구성되어 있기 때문이다.

읽기 소양에서 가장 높은 평균점수를 보여주었던 핀란드 학생들은 당연히 비판적 읽기 쪽으로 치우친 분포를 보여주었다. 그러나 높은 평균점수를 보여준 다른 나라들, 즉 동아시아 나라들은 대체로 정보 획득 쪽으로 치우친 분포를 보여주었다. 그나마 우리나라는 다른 동아시아 나라들에 비해서는 반성·평가 쪽으로 치우친 편이다.

한편 평균점수로는 우리나라보다 한참 낮았던 독일이나 프랑스 학생들은 오른쪽으로 매우 많이 치우친 모습을 보여주었다. 즉 이들은 어려운 문제는 풀면서도 단순 정보 획득 문제는 오히려 풀지 못했다는 뜻이다. 이는 "학생들이 지필고사라는 형식에 익숙하지 않다"는 독일 교육당국의 해석이 다만 변명만은 아니었음을 보여준다. 반면 우리나라보다 더 높은 평균점수를 보여주었던 홍콩과 일본의 경우 학생들의 득점이 정보 획득에 치우쳐 있음을 확인할 수 있다.

양성 간 격차 : 여학생은 언어에 강하고 남학생은 수리에 강하다?

다음으로 PISA가 의미 있게 고찰한 교육 격차는 양성 간의 격차다. 교육에서의 격차가 곧 경제적 격차로 직결될 가능성이 큰 지식정보사회에서 양성 간의 교육 격차는 양성평등을 가로막는 요인으로 작용할 것이다.

PISA 결과를 바탕으로 양성 간의 격차를 살펴보면 여학생은 언어에 강하고 남학생은 수리에 강하다는 속설이 현실로 나타나고 있다. 모든 나라에서 적게는 7점, 많게는 58점의 격차로 여학생들의 읽기 소양이 더 높게 나타났다.

우리나라는 홍콩, 이스라엘, 브라질 등과 더불어 남녀 간의 읽기 소양 격차가 매우 적은 나라에 속했다(물론 양성 간 격차는 페루가 가장 작았지만 페루는 전체적으로 평균점수 자체가 낮게 나타났으므로 큰 의미가 없다. 여학생에 대한 교육투자가 부진하여 빚어진 결과일 수 있기 때문이다).

한편 덴마크, 스웨덴, 핀란드 등 북유럽 국가들에서 남학생이 여학생에 비해 읽기 소양이 크게 부족하다는 사실이 눈길을 끈다. 특히 핀란드는 그 격차가 우리나라의 네 배에 이를 정도로 컸다. OECD 통계에 따르면 핀란드는 청소년 자살률이 매우 높은 나라이며, 특히 남학생의 자살률이 여학생의 그것에 비해 훨씬 높다. 핀란드가 북유럽 국가들 중 비교적 학업 스트레스가 높은 나라임을 감안하면 남학생이 여학생보다 좌절감을 느낄 가능성이 크다는 점에서 생각해 볼 만한 현상이다.

수학의 경우는 어떨까? 수학 소양을 집중 분석한 PISA 2003의 결과에 따르면 우리나라에서만큼은 남학생과 여학생의 수학 소양이 실제로 차이를 보였다.

우리나라는 양성 간 격차가 작은 편에 속했음에도 수학 소양에서는 다른 나라들보다 비교적 큰 격차를 보였다. 리히텐슈타인에 이어 두 번째로 양성 간 격차가 큰 것으로 나타났는데, 리히텐슈타인이 소국이라는 점을 감안하면 사실상 가장 큰 격차를 보였다고 보아도 무방하다.

이는 같은 동아시아 국가로서 우리나라만큼이나 수학에서 강세를 보이는 홍콩, 일본과 비교해도 눈에 띄는 현상이다. 홍콩과 일본의 경우는 오히려 남녀 간 수학 소양 격차가 가장 작은 편에 속했고, 우리와 비슷한 격차를 보인 나라들은 마카오를 제외하면 대부분 개발도상국들이다. 우리나라를 제외한 대부분의 OECD 국가에서는 양성 간 성취도 차이가 있더라도 그 격차가 대체로 크지 않았다.

## 빈부 격차는 교육 격차에 얼마나 영향을 미칠까?

PISA에서 가장 관심을 가지고 있는 교육 격차는 사회경제적 지위에 따른 학업성취도의 차이, 간단히 말해 빈부 차와 교육 격차의 관계다. 따라서 이 책에서도 사회경제적 지위에 따른 교육 격차를 중점적으로 살펴보도록 한다.

21세기는 지식정보사회이기 때문에 생산력의 원천으로서 교육의 중요성이 점점 더 커지고 있다. 산업사회에서는 자본이 있으면 사람의 능력은 그리 중요한 것이 아니었다. 그래서 자본을 갖추지 않은 사람은 선택할 수 있는 길이 극히 제한적이었다. 그러나 지식정보사회에서는 사회경제적 배경과 상관없이 지식과 아이디어만으로도 도전을 해 볼 수 있다.

물론 부자가 가난한 사람보다 지식과 정보를 획득하는 데 더 유리한 것은 사실이다. 심지어 일부 독점기업은 특허권 등을 무기로 지식과 정보를 배타적으로 독점하기도 한다. 그럼에도 불구하고 지식과 정보가 기존 산업사회의 자본보다 진입장벽이 훨씬 낮다는 것은 분명한 사실이다. 산업사회에서 공장을 세우려면 이미 엄청난 자본을 갖추어야 하기 때문이다.

지식과 아이디어는 태어날 때 가지고 나오거나 부모에게 물려받는 게 아니라 학습을 통해 얻을 수 있다. 교육의 의미가 오늘날에 와서 더욱 중요해진 이유가 여기에 있다. 오늘날 교육은 취업 준비, 계층 상승 정도의 의미가 아니다. 교육을 통해 지적으로 성장한다는 것은 산업사회에서 본원적인 자원(사업 밑천)을 확보한다는 의미다. 토마 피케티가 《21세기 자본》에서 강조한 것처럼 교육은 어떻게 운용하느냐에 따라 양극화를 장기적으로 줄일 수 있는 요인이 될 수도, 반대로 오히려 이를 확대하는 요인이 될 수도 있다(Piketty, 2014). 빈곤층의 자녀가 부모의 경제적 처지와 무관하게 자신의 적성과 자질에 맞는 교육을 받을 수 있으면 양극화는 해소될 것이며, 부모의 경제적 처지가 자녀의 교육에도 영향력을 행사한다면 양극화는 더욱 극심해질 것이다.

이런 이유로 영국과 미국에서는 기존의 생활 복지를 교육 복지로 대신해야 한다는 목소리가 높아지고 있다. 부를 직접적으로 재분배하기보다 교육을 통해 계층 상승의 사다리를 놓고, 가난의 대물림 고리를 끊자는 것이다. 이런 국가에서는 실업자나 빈곤층에게 생활비나 생필품을 제공하는 데 주력했던 기존의 방식에서 빈곤층의 교육 기회를 넓혀 자생력을 키우는 쪽으로 복지의 중심이 바뀌고 있다. 일례로 미국 오바마 행정부는 전문대학 무상화 등 교육기회 확대에 천문학적인 예산을 투입하고 있다.

그럼에도 불구하고 '콜먼 보고서(Coleman Report, 1966)'를 비롯한 많은 교육사회학 연구는 교육이 양극화를 해소하기보다는 오히려 확대하는 힘으로 작용한다는 결론에 이르렀다. 미국의 저명한 사회학자인 제임스 콜먼은 교육이 빈부 격차를 해소한다는 가설을 증명하기 위해 2년간 미국 전역의 4,000여 개 학교, 62만여 명의 학생, 6만여 명의 교사를 대상으로 대규모 연구를 진행했다. 그러나 그 결과는 애초의 의도와 정반대로 나타났다. 학교나 교사 등 이른바 '학교 효과'는 학생의 성취도에 고작 30% 정도의 영향을 미칠 뿐이었고, 결정적인 요인은 가정환경, 즉 부모의 사회경제적 지위였던 것이다.

던컨과 블라우의 연구(Duncan & Blau, 1967)도 이를 뒷받침한다. 던컨과 블라우는 아버지의 사회경제적 지위가 아들의 사회경제적 지위에 영향을 미친다는 사실을 발견했다. 물론 다른 변인은 차치하고 학생의 배경과 교육 성취만을 고려한 것이어서 한계는 있지만 그래도 '부모의 직업 → 자녀의 학력 → 자녀의 직업'으로 이어지는 대물림의 고리가 존재했던 것이다. 공부를 잘하는 학생이 좋은 직장을 잡는 것은 분명한 사실이지만, 이미 좋은 직장을 가지고 있는 부모의 자녀로 태어나면 공부 잘하는 학생이 될 확률이 더 높았다. 특히 1920년대와 1960년대를 비교하며 계층 이동이 활발한 것처럼 보이지만 사실상 높은 지위의 직업 자체가 늘어나서 그렇게 보일 뿐, 사회가 경제적으로 성장해도 부의 대물림은 그대로 유지된다고 결론 내렸다.

하지만 콜먼이나 던컨, 블라우의 연구는 모두 수십 년 전에 이루어진 것이다. 자본이 가장 중요한 자원이던 산업사회와 지식이 중요한 오늘날은 상황이 전혀 다르다. 따라서 교육은 양극화의 원인이 아니라 오히려 결과에 불과할지 모른다.

PISA는 사회경제적 요인이 학생의 성취도에 어떤 영향을 미치는지 확인하기 위해 다양한 분석을 실시하였다. PISA 2000에서는 우선 참가한 각 나라들의 경제 수준과 그 나라의 성취도를 비교하였다.

오른쪽의 그래프는 각 나라의 1인당 국민소득(물가수준을 반영한 구매력 평가 지수 기준)과 PISA 2000의 읽기 영역 점수의 관계를 표시한 것이다. 결과는 부유한 나라일수록 성취도가 높은 것으로 나타났다. 물론 이 중에는 룩셈부르크나 페루처럼 국민소득에 비해 훨씬 낮은 점수를 받은 나라도 있고 홍콩, 일본, 뉴질랜드, 핀란드, 그리고 우리나라처럼 국민소득에 비해 점수가 매우 높은 나라들도 있다. 점수가 낮은 룩셈부르크의 경우는 워낙 소국이라 극단의 영향을 쉽게 받을 수 있고(경우에 따라서는 소득에 비해 훨씬 높은 점수가 나타날 수도 있음), 페루는 인종 간의 격차가 큰 것이 원인일 수 있다. 또 국민소득에 비해 점수가 높은 홍콩, 일본, 우리나라는 자녀 교육에 부모가 헌신하고, 학업에 높은 가치를 부여하는 동아시아의 독특한 문화가 작용했을 가능성이 높다. 그밖에는 대체로 국민소득과 PISA의 성취도가 정적인 상관관계(정비례 관계)를 이루고 있다.

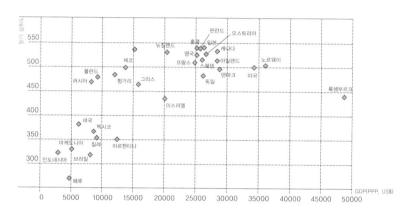

GDP와 읽기 영역 성취도

이런 결과를 두고 부유한 나라일수록 교육에 더 많은 예산을 지출하기 때문이라고 말할 수 있을까? 그렇다면 교육에 대한 지출은 투자의 개념이 된다. 21세기는 학습 능력이 곧 생산력이니, 교육에 대한 지출을 늘려 학생들의 성취도를 향상시키면 이는 곧 경제 성장 잠재력을 높이는 셈이 된다. '교육 지출 → 능력 향상 → 국민소득 증가'를 기대할 수 있다는 의미다. 하지만 교육에 예산을 투입하는 것이 학생의 능력 향상으로 이어지지 않는다면 교육비 지출은 사회의 공적 자원을 낭비하는 비효율적인 투자이기 때문에 교육 체제를 보다 효율적으로 재정비하거나, 아니면 아예 교육에 들어갈 예산을 다른 곳에 투입하는 게 효율적일 수 있다.

다음 그래프는 각 나라에서 초등학교 때부터 15세에 이르기까지 지출한 학생 1명당 교육비와 PISA 읽기 영역 점수의 관계를 보여준다.

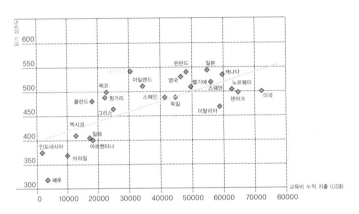

교육비 지출과 읽기 영역 성취도

교육비 지출과 PISA 성취도 사이에는 대체로 정적인 상관관계가 나타났다. 그런데 그 정도에는 각 나라마다 큰 차이가 있었다. 그래프에 표시된 대각선(추세선)을 기준으로 각 나라들을 상대적 위치에 따라 비교해 보자. 추세선보다 위에 위치한 나라들은 교육비 지출에 비해 학생들의 성취도가 높은 나라다. 이런 나라들은 교육의 투자 대비 효과가 높다고 볼 수 있다. 추세선 아래에 위치한 나라들은 교육비 지출에 비해 학생들의 점수가 낮다. 교육비 지출에 비해 효율이 낮다는 의미다.

한눈에 확인할 수 있듯이 우리나라의 교육비 지출은 OECD에서 그리 높은 편이 아니지만, 학생들의 성취도는 매우 높다. 실제로 우리나라는 추세선 위에 있는 나라들 중 추세선과의 거리가 가장 멀다. 교육의 투자 대비 효율이 가장 높다는 의미다. 우리나라 외에도 핀란드, 일본, 영국 등이 교육에 들어가는 비용에 비해 성취도가 높은 나라에 속한다.

반면 미국, 덴마크, 이탈리아 등 선진국들은 교육비 투자 효율이 낮은 것으로 나타났다. 하지만 추세선과의 거리가 그리 멀지 않아서 통계적으로 큰 의미는 없다. 개발도상국 중에서는 페루, 브라질 등이 눈에 띈다. 이들 국가는 교육투자도 저조하고, 교육 성취는 투자의 저조함보다도 더 저조한 것으로 나타나 악순환이 계속되고 있음을 확인할 수 있다.

그러나 이 자료를 근거로 교육비 지출을 늘리면 소득도 증가되니, 개발도상국은 국내총생산 대비 교육비 지출 비율을 더 늘려야 한다는 결론으로 바로 넘어갈 수는 없다. 거꾸로 국민소득이 교육비 지출의 결과가 아니라 원인이라는 해석도 가능하기 때문이다. 예컨대 국민소득이 높은 나라일수록 교육비에 지출할 수 있는 여력이 되므로 각종 프로그램 개발이나 인프라 확충에 많은 투자를 할 수 있다. 반면 국민소득이 낮은 나라는 교육을 담당할 만한 인력과 필요한 교재, 기자재가 부족하기 때문에 인건비와 경상비 지출이 많은 비율을 차지하면서 장기적인 프로그램을 개발하거나 인프라를 확충할 여력이 부족할 수 있다. 또 국민소득이 높은 나라에 비해 낮은 나라가 사회 시스템이 부실하여 그나마 적은 교육 예산마저 제대로 쓰이지 않고 엉뚱하게 새어 나갈 가능성도 배제할 수 없다. 이런 상황에서 사회 시스템은 그대로 둔 채 교육비 지출만 늘린다면 오히려 눈먼 돈만 계속해서 부패 관료들의 주머니로 들어갈 수도 있는 것이다. 게다가 높은 학업성취가 경제 성장의 잠재력인지 아니면 경제 성장의 결과인지에 대한 논의도 분분할 수 있다.

하지만 이런 문제는 PISA가 공개한 자료만으로는 섣불리 단정할 수 없다. 다만 PISA를 주관하는 OECD는 교육이 경제 성장의 결과가 아니라 동력이라고 전제하고 있다.

나라 간의 격차는 이 정도로 하고, 그렇다면 나라 안의 격차, 즉 한 나라 안에서 발생하는 교육 격차는 어떨까? 우리나라에서는 그리 중요한 변인으로 간주되지 않지만, 미국이나 유럽에서는 이민자 문제가 중요한 이슈여서 PISA는 소수민족·이주민 자녀와 원주민 자녀 간의 교육 격차 문제도 비중 있게 다루고 있다. 특히 2000년대 이후 독일·네덜란드·영국 등은 동유럽에서, 홍콩·마카오 등은 동남아시아와 중국에서 일자리와 경제적 기회를 찾는 사람들이 대규모 유입되면서 그 자녀들이 학교로 대거 유입되었다. 이런 인구 이동은 다문화사회에 접어든 우리나라 학교에서도 실제로 발견되는 현상이어서 눈여겨볼 필요가 있는 분석이다.

PISA는 2003년 국민소득과 성취도를 비교하는 것에서 한 발 더 나아가 이주민 자녀의 비율과 성취도를 비교하였다.

참가국 가운데 이주민 학생의 비율이 가장 높은 곳은 마카오, 다음은 홍콩이었다. 마카오의 경우는 전체 학생의 70% 이상이, 홍콩은 전체의 40% 이상이 이주 학생 혹은 이주 2세대(본국에서 태어났지만 부모가 이주민인) 학생으로 이루어져 있다. 마카오는 이주 학생과 원주 학생의 수학 성취도 격차가 거의 나타나지 않는다. 그런데 홍콩의 경우 이주 학생들의 성취도가 홍콩에서 출생한 학생들에 비해 50점 가까이 떨어졌다.

유럽 국가들에선 그 격차가 더욱 크게 나타났다. 스위스, 독일, 네덜란드 등 서유럽 국가의 경우 본국 학생과 이주 학생의 성취도 격차가 거의 100점에 가깝다. 실제로 본국 출신 학생들의 성취도만 놓고 보면 독일은 상위권, 네덜란드는 홍콩과 맞먹는 최상위권으로 뛰어 오른다. 동유럽과 아프리카에서 많은 노동자들이 이주한 것이 독일 등 서유럽 국가들의 PISA 성취도가 부진한 중요한 원인 중 하나라는 의미다. 물론 이것이 동유럽이나 아프리카 출신 학생들의 학습 잠재력이 떨어진다는 뜻은 아니다. PISA의 문항은 평가가 이뤄지는 나라의 공식 언어로 제공되기 때문에 이주 학생들의 경우 그만큼 시험에서 불리하다. 심지어 표준어로만 문항이 제공되기 때문에 대만처럼 표준어와 실제 일상에서 사용하는 언어가 다른 나라에서는 언어 사용권에 따라 큰 차이가 날 수도 있다.

그렇다면 오랜 시간 다민족 국가였던 호주, 뉴질랜드, 캐나다의 경우는 어떨까? 이들 나라는 이주 학생의 비율이 비교적 높은 편이지만 본국 학생과 이주 학생 간의 격차가 거의 없다. 이는 이주 학생의 상당수가 홍콩, 한국, 일본 등 동아시아 출신들이라서 빚어진 현상일 수 있다. 그런데 이 학생들에게도 영어가 모국어는 아니라는 조건은 동일하다. 따라서 이주 여부만으로 성취도 격차를 설명하는 것에는 한계가 있다.

이때 가장 중요하게 고려할 수 있는 성취도 격차의 요인은 역시 학생(학생 가정)의 사회경제적 지위다. 즉 캐나다, 뉴질랜드, 호주로 이주한 동아시아 학생들은 본국 학생들과 사회경제적 지위에서 크게 차이가 없지만 독일 등 서유럽으로 이주한 동유럽, 아프리카 학생들은 비교적 사회경제적 지위가 낮은 계층에 속할 가능성이 큰 것이다.

PISA는 사회 · 경제 · 문화적 지위에 따른 수학 소양 점수의 차이도 분석하였다. 다음 그래프를 보자. 이 그래프는 PISA 2003에서 나타난 참가국의 수학 성취도와 그에 대한 사회 · 경제 · 문화적 지위의 관계를 보여준다. 바꿔 말해 학생의 성취도에서 빈부 차이가 얼마나 많은 부분을 설명하는가를 표시한 것이다.

그래프를 위아래, 좌우로 나누었을 때 위쪽에 자리할수록 성취도가 높고 왼쪽으로 자리할수록 그에 미치는 사회 · 경제 · 문화적 지위의 영향은 커진다. 한마디로 오른쪽 상단에 위치한 나라는 성취도도 높으면서 교육 형평성도 비교적 높은 나라이고, 왼쪽 하단에 위치한 나라는 성취도도 낮으면서 교육 형평성도 낮은 나라다. 왼쪽 상단은 공부는 잘하지만 빈부 차에 따라 그 차이도 큰 나라이며, 오른쪽 하단에 위치한 나라는 공부는 못해도 형평성은 높은 나라다. 따라서 가령 어떤 나라가 그래프에서 제일 왼쪽에 위치한다면 그 나라 학생의 성취도에서 30% 이상을 빈부 차이로 설명할 수 있을 정도로 배경이 성취도와 긴밀한 연관이 있다는 의미다.

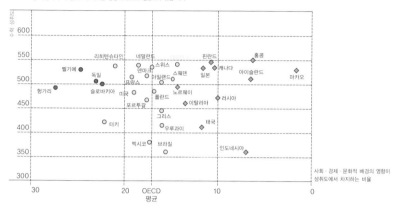

● 배경이 수학 성취도에 미치는 영향이 OECD 평균보다 큰 국가
○ 배경이 수학 성취도에 미치는 영향이 OECD 평균과 비교해 유의미한 차이를 보이지 않는 국가
◇ 배경이 수학 성취도에 미치는 영향이 OECD 평균보다 낮은 국가

우리나라는 성취도는 높으면서 거기에 미치는 배경의 영향은 OECD 평균 수준인 것으로 나타났다. 홍콩, 마카오, 핀란드, 일본 등은 평균보다 높은 성취도에, 배경이 미치는 영향도 OECD 평균보다 낮다. 이들 나라에서 우수한 성취도를 거둔 학생들 중에는 사회경제적으로 높은 지위에 있지 않은 학생들도 있을 수 있다는 뜻이다.

반면 독일과 벨기에는 학생들의 성취도가 사회경제적 배경의 영향을 강하게 받는 것으로 나타났다. 즉 교육을 매개로 빈부 격차가 대물림 될 가능성이 큰 것이다. 이는 앞에서 살펴본 바와 같이 학생들 중 이주 학생들의 학업이 부진하고, 여기에 더하여 실업계ㆍ인문계 등 분리형 학제를 실시하여 중학교 나이 때 이미 취업과 학업으로 진로가 갈라지기 때문에 나타난 현상으로 보인다. 결과적으로 부유한 학생들이 대학을 선택하고, 이주 학생이나 경제적으로 넉넉지 않은 학생들이 직업학교를 선택하는 경우가 많기 때문이다.

한편 우리나라 진보 지식인에 의해 마치 빈부 격차의 대표 격으로 알려진 미국은 오히려 독일이나 우리나라보다도 교육 형평성이 높은 것으로 나타났다.

## 학교 간 격차 vs 학교 내 격차

그런데 실제 교육의 빈부 격차가 크게 나타나는 나라도 그것으로 설명할 수 있는 학생의 성취도는 30% 미만에 불과하다. 그렇다면 나머지 70%는 무엇으로 설명할 수 있을까? 태어날 때 이미 결정되는 지능이나 여타 지적 능력이라고 해버리면 매우 간단하겠지만, 그것은 안일한 분석이다. PISA 역시 학생의 사회·경제·문화적 배경 이외에 성취도를 결정하는 변인을 찾기 위해 다각적인 분석을 실시했는데 여기에는 주로 학교의 문화, 교사의 특성, 학생의 학습 전략, 학생의 학교생활 등이 포함되어 있다.

다음 그래프는 PISA 2003 수학 소양 성취도에서 학교 간의 격차와 같은 학교 안에서의 격차를 비교한 것이다. 왼쪽 막대는 학교 간 격차를 나타내며, 오른쪽 막대는 같은 학교 안에서 학생 간의 격차를 나타낸다. 막대가 왼쪽으로 치우칠수록 학교 간의 격차가 크다는 의미이며, 오른쪽으로 치우칠수록 학교 안에서 개인 간의 격차가 크다는 의미다. 막대에서 다시 진하게 표시된 것은 학교 간, 학교 내 격차에서 사회경제적 지위가 설명하는 부분이다.

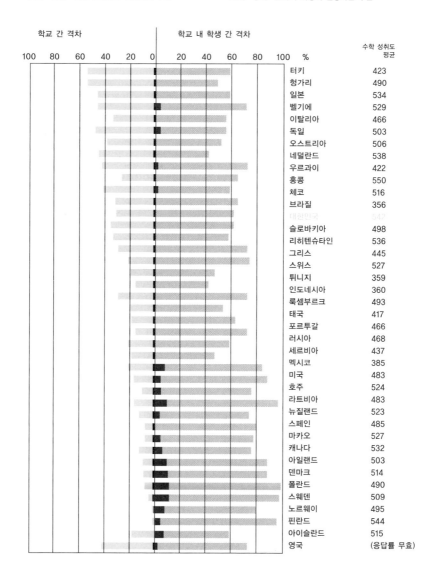

수학 영역에서 학교 간 vs. 학교 내 성취도 분포

전체 학교 간 성취도 분포 　 전체 학교 내 성취도 분포
학교 간 성취도 분포에서 　 학교 내 성취도 분포에서
사회·경제·문화적 배경이 설명하는 부분 　 사회·경제·문화적 배경이 설명하는 부분

학교 간 격차 　 학교 내 학생 간 격차

| | 수학 성취도 평균 |
|---|---|
| 터키 | 423 |
| 헝가리 | 490 |
| 일본 | 534 |
| 벨기에 | 529 |
| 이탈리아 | 466 |
| 독일 | 503 |
| 오스트리아 | 506 |
| 네덜란드 | 538 |
| 우루과이 | 422 |
| 홍콩 | 550 |
| 체코 | 516 |
| 브라질 | 356 |
| 대한민국 | 542 |
| 슬로바키아 | 498 |
| 리히텐슈타인 | 536 |
| 그리스 | 445 |
| 스위스 | 527 |
| 튀니지 | 359 |
| 인도네시아 | 360 |
| 룩셈부르크 | 493 |
| 태국 | 417 |
| 포르투갈 | 466 |
| 러시아 | 468 |
| 세르비아 | 437 |
| 멕시코 | 385 |
| 미국 | 483 |
| 호주 | 524 |
| 라트비아 | 483 |
| 뉴질랜드 | 523 |
| 스페인 | 485 |
| 마카오 | 527 |
| 캐나다 | 532 |
| 아일랜드 | 503 |
| 덴마크 | 514 |
| 폴란드 | 490 |
| 스웨덴 | 509 |
| 노르웨이 | 495 |
| 핀란드 | 544 |
| 아이슬란드 | 515 |
| 영국 | (응답률 무효) |

그래프를 보면 확인할 수 있듯이 대부분의 나라는 학교 간의 격차보다는 학교 안에서의 격차가 더 크다. 또 교내 학생들의 성취도에서 사회·경제·문화적 배경이 설명하는 부분도 매우 적다. 따라서 학생들의 수학 성취도 격차는 대체로 학생의 개인적 특성에 기인했다고 볼 수 있다.

그런데 주목할 점은 따로 있다. 학교 간 격차가 크건 작건, 그 격차가 주로 사회·경제·문화적 배경에 의해 설명되고 있다는 점이다. 다시 말해 정도의 차이는 있지만 학교 간의 빈부 격차가 분명히 존재하고 있다는 것이다.

좀 더 자세히 살펴보자. 우선 핀란드, 노르웨이, 스웨덴, 아이슬란드, 덴마크 등 이른바 스칸디나비아 국가들은 학교 간의 격차가 매우 적다. 이는 학교의 수준이 고루 분포되어 있으며, 또 학교 간의 사회·경제·문화적 수준 차이도 그리 크지 않다는 의미다. 그 밖에도 뉴질랜드, 호주, 캐나다, 마카오 등도 학교 간 격차가 OECD 평균보다 크지 않은 나라들이다. 심지어 빈부 격차가 매우 크고 부자와 가난한 사람들이 철저히 분리된 것처럼 오해받는 미국이나 영국도 학교 간 격차가 OECD 평균보다 작았다.

일반적으로 학교 간 격차가 클수록 학교 안에서 학생들 사이의 격차는 줄어든다. 학생들이 학업수준, 사회경제적 지위에 따라 서로 다른 차별적 학교에 다니기 때문이다. 이는 학교들끼리 격차가 크게 벌어지는 나라에서 학생 간 성취도 격차에 미치는 사회경제적 지위의 영향력(오른쪽 진한 막대)이 낮다는 점으로도 확인된다.

반면 학교 간 격차가 낮은 나라들은 당연히 같은 학교에 다니는 학생들 간의 성취도 차이가 OECD 평균보다 컸다. 학생들이 끼리끼리 모여 있지 않고 골고루 분포되어 있다는 뜻이다. 이들 나라에서는 학생들의 성적이나 능력에 따라 학교가 분리되지 않는 보통교육, 일반교육이 정착되어 있다는 것을 확인할 수 있다. 뿐만 아니라 이들 나라는 학생들 간의 격차에서 사회경제적 지위가 설명하는 부분도 OECD 평균보다 적었다. 학생들의 성취도에 차이가 있었다면, 그것은 대체로 학생의 능력이나 적성의 차이에서 비롯되었다는 의미다.

우리나라는 일본, 홍콩 등과 더불어 학교 간 격차가 OECD 평균보다 큰 나라에 속한다. 물론 독일, 벨기에, 오스트리아, 네덜란드 등도 이에 못지않게 학교 간 격차가 크다. 하지만 서유럽 국가들은 우리나라로 치면 초등학교 5학년 때 이미 진로를 학업(대학)과 취업으로 분리하는 학제를 가지고 있다. 아무래도 '김나지움 → 대학'과 '하우프트슐레 → 취업' 사이의 격차가 나타날 수밖에 없는 것이다. 홍콩의 경우도 중학교와 고등학교가 분리되어 있지 않고 5년제 혹은 6~7년제 중학교로 편성되어 있기 때문에 중학교에 입학할 때부터 이미 분리형 학제가 적용되고 있는 것이나 다름없다. 우리나라라면 고등학교에 들어갈 때나 나뉘는 진로가 이들 나라에서는 중학교에 들어갈 때 이미 갈리는 것이다. 일본 역시 중학교가 완전 평준화되어 있지 않고 명문 사립중학교가 별도의 입시를 통해 학생을 선발하기 때문에 학교 간 격차가 크게 나타난다.

한편 우리나라는 중학교가 완전 평준화 되어 있다. 일부 국제중학교가 있지만 그 수는 통계적으로 의미 없을 정도로 적고, 모든 학생들은 계층·신분과 무관하게 거주지에 따라 중학교에 사실상 강제 배정된다. 그럼에도 불구하고 학교 간 격차는 중학생을 입시로 선발하는 나라들만큼이나 크다. 또 이 격차는 대부분 사회경제적 지위에 의해 설명되고 있다.

반면 같은 학교에 다니는 학생들끼리는 OECD 평균에 한참 못 미칠 정도로 성취도 격차가 크지 않으며, 그 격차에 배경이 미치는 영향도 낮다. 즉 중학교에 완전 보통교육, 평준화가 정착되어 있음에도 불구하고 사회경제적 지위에 따라 비슷한 수준의 학생들이 끼리끼리 같은 학교에 다니고 있다는 뜻이다.

결국 이 그래프는 우리나라 학생들의 사회·경제·문화적 지위의 격차가 지역 단위로 분할되어 있음을 보여준다. 우리나라는 수도권과 지방의 격차도 크며, 심지어 같은 수도권 안에서도 부유층이 모여 사는 곳과 빈곤층 밀집 지역으로 구역이 분할되어 있다. 그래서 완전 평준화가 되어 있음에도 불구하고 학교 간의 격차가 크게 나타나는 것이다. 실제로 매년 시행되는 국가수준 학업성취도평가에서 서울은 기초학력 미달 학생이 가장 적고, 그 가운데 강남은 최상위권 학생들이 가장 많은, 이른바 '강남 쏠림' 현상이 계속해서 있어 왔다. '2013년도 국가수준 학업성취도평가 결과'에서는 서울 내에서 성적이 가장 높은 강남구와 가장 낮은 금천구의 성취도 격차가 과목별로 적게는 14%에서 크게는 22%까지 벌어졌다. 우리나라 학생들은 사회경제적 수준에 따라 서로 다른 학교에 다니기 전에, 이미 서로 다른 '지역'에 살고 있는 것이다.

PISA는 학생의 사회경제적 배경과 학교의 사회경제적 배경이 성취도에 미치는 영향도 조사했다. 그 결과 전체적으로 학생의 사회경제적 지위보다는 학교의 사회경제적 지위의 영향력이 훨씬 강한 것으로 나타났다. 가난한 가정의 학생이라도 부유한 학교에 다니면 높은 성취도를 기대할 수 있다는 의미다. 이는 중산층 이하의 가정에서도 자녀를 좋은 학교에 진학시키기 위해 과도한 사교육비를 지출한다거나, 멀쩡한 집 놔두고 강남에 월세로 이사를 온다거나, 심지어 위장전입까지 하는 우리나라 학부모들의 행태가 실제로 성취도와 무관하지 않을 수 있다는 사실을 보여준다.

# 학생을 사랑하지만
# 학교에 지친 교사들

지금까지 학생의 사회경제적 배경이 성취도에 상당 수준 영향을 미치고, 그로 인해 교육의 격차가 다시 빈부 격차를 확대재생산할 가능성이 높음을 살펴보았다. 또 우리나라는 비교적 그 가능성이 낮은 나라에 속한다는 것도 확인하였다.

이렇게 사회경제적 배경이 성취도 격차에 영향을 주는 것은 사실이지만, 사회경제적 지위로 설명할 수 있는 부분은 일부에 지나지 않는다는 점에 주의해야 한다. 나라마다 차이가 있기는 했지만, 사회경제적 지위는 학생 간 격차의 10% 내외를 설명했을 뿐이며, 학교 간의 격차도 많아야 40~50% 정도를 설명하는 데 그쳤을 뿐이다(물론 학생의 배경이 설명하는 정도가 단지 10%라 할지라도, 단 1%의 변수가 당락을 좌우하기도 하는 입시에서 보듯 교육 성취에서 10%는 엄청난 격차다).

그렇다면 나머지 격차는 대체 어디에서 비롯된 것일까? 여기에 어쩌면 교육 개혁과 교육 형평성의 숨은 고리가 있을 수 있다. 예컨대 학교 간 격차를 설명하는 나머지 50%가 교사의 능력이라면 뛰어난 교사들을 취약 계층 자녀들이 주로 다니는 학교에 집중적으로 배치함으로써 격차를 어느 정도 해소할 수 있다. 혹은 교사들의 열정이 중요한 요인이라면 취약 계층 자녀들이 주로 다니는 학교의 교사들에게 긍지를 가지고 뜻을 펼칠 수 있도록 과감하게 권한을 부여하고 지원을 할 수 있다. 또 학교의 학습환경이나 인프라가 결정적인 영향을 미친다면 학교의 시설을 개선하고 각종 교구와 기자재의 질을 높임으로써 교육 격차를 줄일 수 있을 것이다.

같은 학교에서 학생들 사이의 격차도 마찬가지다. 사회경제적 배경이 설명하는 10% 외에 나머지 90% 변수가 무엇인지를 알아야 제대로 된 개혁 방안을 찾을 수 있다.

그 변인으로는 우선 개인별로 타고난 지능과 적성이 다르다는 점을 고려할 수 있을 것이다. 하지만 이 부분은 교육정책으로 어떻게 할 수 없는 부분이니 제외하자. 그 밖에 학생의 학습 전략이나 공부 습관 같은 것도 변수가 될 수 있다. 이런 부분은 적절한 학습 코칭을 통해 해결할 수 있다. 특히 학습 전략을 세우는 데 어려움을 겪기 쉬운 취약 계층 자녀들에게 집중적으로 코칭을 제공할 수 있다. 한편 학습 시간, 학교에 대한 소속감, 학교생활의 즐거움 같은 것들도 학습에 큰 영향을 줄 수 있다.

PISA는 사회경제적 배경 외에도 학생의 학습에 영향을 줄 수 있는 다양한 요인에 대해 분석을 실시하였다. 다만 이 분석은 실제로 학교를 방문하여 상세하게 관찰하고 조사한 것이 아니라 학생과 교장을 대상으로 실시한 설문지 응답 결과이기 때문에, 여기에는 응답자의 주관적인 느낌이 상당 부분 반영되었을 것이다. 따라서 학생들은 실제보다 비관적으로, 교장은 실제보다 더 긍정적으로 응답했을 가능성도 배제할 수 없다. 하지만 그렇다 해도 이제까지 이런 문제를 국제적으로 비교한 조사가 거의 없었기 때문에 자료적 가치를 무시할 수는 없다.

## 교사는 학생의 성취도에 어떤 영향을 주는가?

"교육의 수준은 교사의 수준을 넘어서지 못한다"는 통설은 교육계에 널리 퍼져 있는 말이지만, 실제로 이를 실증적으로 증명한 사례는 많지 않다. 무엇보다도 교사의 수준을 정확하게 평가할 방법이 확실하지 않고, 설사 평가한다 하더라도 실증적이기보다는 정치적일 가능성이 크기 때문이다.

PISA에서도 교사의 수준을 직접 평가하기보다는 우회적인 방법을 사용하였는데, 이는 교사의 보수와 학생들의 성취도를 비교하는 것이다. 물론 다 그런 것은 아니지만 교사의 보수가 높을수록 유능한 인재가 교직에 유입될 가능성이 커진다는 전제하에 이 통계는 의미를 지닐 수 있다. 또 실제로 어떤 분야에 유능한 인재를 유인하는 가장 확실한 도구 중 하나가 경제적 처우 개선이기도 하다.

여기서 임금(wage)이 아니라 보수(salary)라는 점에 유의하자. 교사는 전문직이기 때문에 표준화된 작업의 분량(주로 시간)에 따라 임금을 받는 것이 아니라 기대되는 성과에 대한 보수를 받는다. 따라서 연간 수업 일수가 190일이라면 그 190일 동안 학생들이 소정의 교육적 성취에 도달하게 하는 것이 중요하지 노동 시간을 채우는 것은 중요하지 않다.

교사에 대한 집중적인 분석은 PISA 2012에서 주로 실시되었다. PISA는 교사의 보수를 절대적으로 비교할 경우 선진국과 개발도상국의 화폐 가치 차이를 반영하지 못해 아무런 의미가 없으므로 교사의 평균 보수를 그 나라의 1인당 국민소득(구매력 기준)과 비교하였다. 예컨대 캄보디아 교사의 보수가 5,000달러라면(실제로 그렇다는 뜻은 아니다) 우리 눈에는 연봉 500만 원 남짓으로 형편없이 적어 보이겠지만, 실제로는 캄보디아인 평균 연봉의 몇 배에 달하는 엄청난 고소득인 것이다. 마찬가지로 미국 교사의 월 평균 보수가 7만 달러 정도인데 이는 우리 눈에는 많아 보이지만 미국 전체 소득을 감안하면 그리 많은 것이 아니다.

다음 그래프는 교사의 월평균 보수가 그 나라 평균의 몇 %인지를 가로축, 학생의 수학 성취도를 세로축으로 한 분석 결과다. 전체적으로 보면 참가국들이 타원형의 분포를 보여 교사의 월평균 보수와 학생의 성취도 간에 별 상관관계가 없는 것처럼 보인다. 이를 두고 교사의 수준과 학생의 성취도가 무관하거나, 혹은 교사의 수준과 보수는 무관하다는 결론을 내리면 결국 교사의 보수에 아까운 자원을 낭비할 필요가 없다는 진단을 내릴 가능성이 크다.

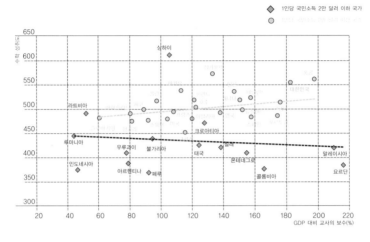

교사의 보수와 수학 성취

◆ 1인당 국민소득 2만 달러 이하 국가
○

하지만 이 자료에는 놀라운 반전이 있다. 참가국 전체에서 1인당 국민소득이 2만 달러 이상인 나라들만 따로 떼서 보면 전혀 다른 결과가 나오는 것이다. 그래프에서 동그라미로 표시된 나라는 국민소득이 2만 달러가 넘는 나라들이고, 마름모는 2만 달러가 되지 않는 나라들이다. 국민소득 2만 달러 이상인 국가들에선 교사의 보수가 높을수록 학생의 성취도도 높아지는 정적 상관관계가 나타난다. 학생의 성취도에 따라 교사의 보수를 책정하는 나라는 없기 때문에 이는 교사의 보수가 학생 성취도에 긍정적 영향을 준다는 쪽으로밖에 해석될 수 없다.

반면 2만 달러가 되지 않는 나라들은 교사의 보수와 학생의 성취도 간의 부정적 상관관계가 나타났다. 즉 국민소득 2만 달러를 경계로 그 위의 나라들은 교사의 보수가 높을수록 학생의 성취도도 높아지고, 그 아래의 나라는 교사의 보수가 높을수록 학생의 성취도가 낮아지니 이를 모두 합할 경우 교사의 보수와 학생의 성취도 간에 아무 관계가 없는 것으로 나타났던 것이다.

그렇다면 이와 같은 결과를 토대로 선진국 교사들은 월급 값을 제대로 하고 있고, 개발도상국 교사들은 월급 값을 못 하고 있다고 해석할 수 있을까? 물론 통계 수치만으로는 개발도상국 교사들이 지탄의 대상이 되는 것을 면하기 어렵다. 하지만 통계에 대한 일면적 해석은 언제나 위험하다. 무엇보다 선진국이 개발도상국에 비해 학교 시설, 정보통신망, 도서관 등 교육 인프라가 잘 되어 있음을 염두에 두어야 한다. 교육 인프라에는 많은 돈이 들어가며, 또 당장 효과가 나오지도 않는다. 그래서 개발도상국의 한정된 교육 예산으로는 당장 교육 인프라에 투자할 여력이 없다. 아무리 훌륭한 교사라 하더라도 교육 인프라가 제대로 되어 있지 않을 경우 그 능력을 발휘하기 어렵다. 또여기서 표시된 교사의 보수가 절대값이 아니라 그 나라 평균 국민소득에 대한 상대값임에 유념해야 한다. 개발도상국 교사들이 월급 값도 못 하는 게 아니라, 가난한 나라일수록 교사의 보수가 상대적으로 높다는 뜻일 수 있다는 의미다.

다음으로 주목할 부분은 표의 추세선을 중심으로 각 나라의 위치다. 추세선보다 위에 위치한 나라는 교사들이 받는 보수에 비해 학생들의 성취도가 높은 나라다. 거칠게 표현하면 교사가 밥값 이상의 성과를 보여준다는 뜻이다. 반대로 추세선 아래에 위치한 나라는 교사가 받는 보수에 비해 학생들의 성취도가 낮은 나라다.

그런데 검은 선 주변에 분포한 개발도상국의 경우, 대부분의 나라들이 추세선보다 아래에 위치하고 있다. 하지만 이것이 개발도상국 교사들을 비난하는 근거가 될 수는 없다. 국민소득에 비해 지나치게 성취도가 높은 상하이가 포함되어 추세선 자체가 너무 위에 그려졌기 때문이다. 베이징을 시골 취급한다는 상하이를 따로 떼어내어 평가하면서, 여기에 정작 국민소득은 중국 평균값을 적용하는 것은 문제가 있다. 그러니 이런 통계적 왜곡이 나타나는 것이다.

한편 파란색 선으로 주변에 위치한 선진국들의 경우 비교적 골고루 분포되어 있어서 대체로 교사들이 받은 만큼의 역할은 하는 것으로 나타났다. 그런데 우리나라는 추세선보다 훨씬 위에 자리 잡고 있다. 일본, 싱가포르, 홍콩, 마카오도 마찬가지다. 특히 싱가포르는 교사의 상대적 퍼포먼스가 월등하지만, 이는 다른 동아시아 나라들에 비해 교사의 보수가 상대적으로 낮기 때문이다. 반면 교사들이 OECD 최고 수준의 보수를 받는 우리나라와 홍콩은 높은 보수 이상의 성취를 보여주고 있는 것이 눈에 띈다. 그 밖에 다른 동아시아 국가들도 모두 교사들의 보수에 비해 학생들의 성취도가 더 높은 것으로 나타났다. 여기에 대해서는 다음의 세 가지 설명이 가능하다.

1. 동아시아의 교육 인프라가 다른 선진국들에 비해 더 우수하다.
2. 동아시아 학생들이 사교육을 받기 때문에 나타난 현상일 뿐이다.
3. 동아시아 교사들이 다른 선진국들에 비해 더 우수하거나 더 열심히 가르친다.

우선 인프라의 경우 동아시아가 다른 유럽, 미국 선진국보다 더 우수하다고 볼 이유는 거의 없다. 일단 학급당 인원수도 많으며, 행정직원도 부족하여 교사가 온갖 잡일을 담당하는 등 동아시아의 학교는 교사가 교육에 전념하기 어려운 구조다.

그렇다면 사교육인데, 이미 누차 밝혔듯이 동아시아 국가에서 행해지는 사교육은 PISA 문제를 푸는 데 크게 도움이 되지 않는다. 또 대부분의 학부모들은 PISA 방식의 평가에 별로 큰 관심이 없다. 수능과 내신에 도움이 되지 않기 때문이다. 따라서 사교육이 PISA 점수에 큰 도움을 주었다고 보기는 어렵다. 만약 동아시아 학생들이 단순 암기식, 문제풀이 연습만 반복하는 학습이 아닌 다양하고 창의적인 학습을 경험함으로써 PISA가 강조하는 역량을 함양할 기회가 있었다면 이는 학교에서일 수밖에 없다. 특히 우리나라는 학원과 학교 외에는 배움의 장소가 없기 때문에 더욱 그러하다. 물론 사교육에서도 독서, 토론, 논술 등이 이루어지지 않느냐는 반론이 있을 수 있다. 그러나 문제풀이식이 아닌 사교육은 대체로 고급 사교육에 해당되며, PISA 응시 연령대에서는 극소수를 제외하면 거의 이루어지지 않기 때문에 큰 영향을 주지는 않는다고 보는 게 합리적이다.

그렇다면 남는 것은 우수한 교사진이다. 교사를 불신하며 무능하고 나태한 집단으로 폄하하는 국민적 정서와는 거리가 있는 결과다. 이 괴리는 우리나라에서 가장 불만의 대상이 되는 교사 집단이 주로 일반계 고등학교 교사들이지만, PISA는 초·중학교에서 받은 교육을 기반으로 치러지는 평가이기 때문에 발생하는 것이다.

실제로 우리나라 초등학교와 중학교에서는 단순 주입식 수업을 벗어나려는 다양한 실험이 2000년대 이후 상당히 활발하게 일어나고 있다. 그러니 정확하게 말하면 저 그래프는 우리나라의 초·중학교 교사들의 높은 성과를 보여준다고 표현하는 것이 가장 정확하다(고등학교 교사들에 대해서는 별도의 평가가 필요할 것이다).

한편 다른 선진국들 중 독일, 영국, 미국 등은 교사들의 보수 수준과 학생들의 성취 수준이 일치하여 교사들이 딱 받은 만큼의 성과를 보여주었다. 반면 그리스는 OECD 국가 중 교사의 보수 수준도 상대적으로 낮은데, 그에 비해서도 형편없는 성과를 보여주고 있다.

이런 점으로 보면 어느 정도 경제적 발전을 이룬 나라에서는 대체로 교사의 보수가 높으면 그에 따른 성과도 높게 나타나지만, 그것만으로는 설명되지 않는 요인이 있음을 알 수 있다. 그렇다면 이는 교사들의 성향, 특히 도덕성·헌신성 등과 관련이 있을 것이다.

PISA는 2009년에 이를 교사의 윤리와 헌신이라는 항목으로 조사하고, 교사의 도덕성과 수학 소양과의 관계를 분석하였다. PISA는 교사의 직무윤리를 도덕성, 열정적인 가르침, 교직에 대한 자긍심, 전문성 함양이라는 네 가지 변인의 합으로 설정하였다. 다만 이 조사는 명백한 한계를 가지고 있는데, 교사들을 직접 조사한 것이 아니라 PISA에 참가하는 학교 교장들에게 "귀하의 학교 교사들은 다음의 항목에서 어떻습니까?" 수준으로 물어본 것이라 타당성을 담보할 수 없다. 즉 교사의 직무윤리가 아니라 교장들이 생각하는 교사의 직무윤리를 측정했을 수 있다는 뜻이다. 게다가 그 값이 실제보다 다소 높게 측정될 가능성도 배제할 수 없다. 대체로 교장들은 자기 학교 교사들에 대해 높게 응답하는 경향이 있기 때문이다. 따라서 이 수치를 절대적으로 떼어놓고 보는 것은 별 의미가 없고, 여러 나라들 간의 상대적 차이를 비교해 보는 것이 유의미할 것이다.

　결과만 놓고 보면, PISA 수학 영역의 성취 수준이 높은 나라들은 대체로 교사의 도덕성 지수 역시 평균보다 높았다. 반대로 성취 수준이 낮은 나라들이나 개발도상국은 교사의 도덕성 지수도 평균보다 낮았다. 상대적으로 학생들의 성취도에 교사의 직무윤리도 중요한 역할을 차지하고 있음을 확인할 수 있다. 그러나 이는 어디까지나 상대적인 지수일 뿐, 전체적으로는 어느 나라나 100점 만점에 70~80점대를 오가고 있어서 교사들은 대체로 직업윤리에 투철한 것으로 나타났다. 국가별로 보면, 성취도에서 최고 수준을 자랑하는 동아시아 국가 교사들의 직무윤리 지수는 OECD 평균보다 크게 낮았다. 심지어 이들 나라의 윤리 지수는 개발도상국들보다도 낮다.

　여기서 의문이 생긴다. 직무윤리가 낮다면 보수 수준에 비해 성취도가 낮아야 정상이다. 그런데 우리는 앞서 우리나라를 포함한 동아시아 국가들이 보수 수준에 비해 높은 성취도를 보여준다는 사실을 확인했다. 직무윤리가 낮은 교사들이 받은 것보다 더 열심히 가르쳤다는 결과는 선뜻 이해하기 어렵다.

　그 원인을 알아보려면 직무윤리 전체가 아니라 그 하위 영역을 살펴보아야 한다. 우리나라 등 동아시아 국가 교사들이 OECD 평균보다 낮은 수준의 직무윤리를 보여주는 영역은 다름 아닌 '교직에 대한 자긍심'이다. 이 항목의 점수가 유난히 낮아서 평균을 깎아먹고 있는 것이다. 그 밖에 가르치는 일에서의 열정은 최고 수준을 기록하고 있고, 교과 전문성도 그 정도까지는 아니지만 다른 나라들에 뒤지지 않는 수준이다.

교사의 직무윤리

■ 대한민국　■ OECD 평균

단위 : %

| '그렇다/매우 그렇다'고 응답한 비율 | 대한민국 | OECD 평균 |
|---|---|---|
| 교사들의 윤리의식이 높다. | 80 | 87 |
| 교사들이 열정을 갖고 가르친다. | 93 | 90 |
| 교사들이 자부심을 갖고 일한다. | 85 | 90 |
| 교사들의 학문적 성취(전문성)가 높다. | 87 | 93 |

따라서 동아시아 국가들이 성취도에서 더 높은 성과를 보여준 동력은 양적인 투입, 즉 열심히 최선을 다해 더 많은 양을 더 많은 시간 동안 가르친 결과임을 확인할 수 있다. 반면 그 과정에서 교사의 학문적 성취나 전문성 함양은 잘 이루어지지 않고, 또 열정이 소모되는 만큼 지치기가 쉬워서 교직에 대한 긍지가 낮음을 확인할 수 있다.

한편 동아시아 국가에서는 학생의 수학 성취도에 교사의 직무윤리가 미치는 영향력도 큰 것으로 나타났다. 즉 어떤 선생을 만나느냐에 따라 학생들의 성취도가 상당히 달라질 수 있다는 것이다. 우리나라의 경우 가르치고자 하는 열정은 대부분의 교사들이 전반적으로 높다. 그에 반해 교직에 자긍심을 느끼고, 전문성을 함양하기는 어려운 구조다. 이런 상황이라면 자긍심을 느끼고, 전문성을 갖춘 교사를 만난 학생들의 성취도가 향상될 여지가 훨씬 큰 것이다.

같은 맥락에서 교사의 도덕성 지수가 높은 나라들은 성취도와 도덕성 간의 상관관계가 약하게 나타난다. 학생들이 교사의 영향을 덜 받는 것이 아니라 대부분의 교사들이 높은 도덕성을 갖추고 있기 때문에 그 변별력이 낮게 나타나는 것이다. 정치인들이 모두 도덕적으로 깨끗한 나라에서는 후보자의 도덕성이 유권자의 선택에 큰 영향을 주지 않는 것과 마찬가지다.

교사들이 전반적으로 높은 도덕성과 열성을 가진 상태라면 학교가 그 열성을 어디에 쏟아 붓게 했는가에 따라 현저한 차이가 발생할 수도 있다. 경직된 관료주의로 인해 교사들이 자신을 말단 공무원으로 느끼게 만들고 그 열성을 각종 행정업무나 전시성 사업에 쏟아 붓게 만드는 학교와, 교사를 전문가로 대우하고 또 그들이 전문성 함양에 열성을 쏟아 부을 수 있는 풍토를 조성한 학교의 성취도에는 당연히 큰 차이가 있을 수밖에 없다.

# 가장 똑똑하지만
# 가장 불행한 아이들

교사와 더불어 학생이 학업과 학교생활에 갖고 있는 태도 역시 성취도에 중요한 영향을 미친다. 타고난 재능이나 적성 같은 것은 어떻게 할 수 없지만 학교의 풍토, 학생이 학교에 대해 가지는 느낌, 학습 전략, 사회 분위기, 가정환경 등은 충분히 교육적으로 조치가 가능한 부분이다. 다른 조건이 같다면 학교에 애착을 느끼고, 더 적절한 학습 전략을 수립할 수 있는 학생이 높은 성취도를 보이는 것은 당연한 일이다.

먼저 학생이 학교에 대해 가지는 느낌(주로 소속감)과 그것이 성취도에 미치는 영향을 살펴보았다. 우선 홍콩, 마카오, 일본, 우리나라와 같이 성취도가 우수한 동아시아 나라 학생들은 전반적으로 학교에 대한 소속감이 낮은 것으로 나타났다. 소속감은 학교에서 소외감을 느끼지 않고, 쉽게 친근감을 느끼고, 다른 친구들이 자신을 좋아한다고 생각하고, 외롭다고 느끼지 않는 경우 커진다.

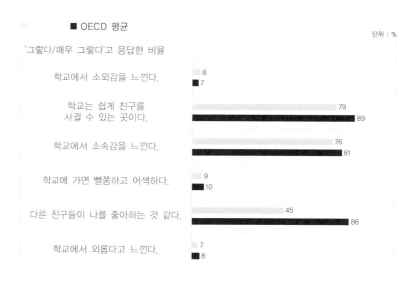

학생들의 소속감

■ OECD 평균

단위 : %

'그렇다/매우 그렇다'고 응답한 비율

학교에서 소외감을 느낀다. 8 / 7

학교는 쉽게 친구를 사귈 수 있는 곳이다. 79 / 89

학교에서 소속감을 느낀다. 76 / 81

학교에 가면 뻘쭘하고 어색하다. 9 / 10

다른 친구들이 나를 좋아하는 것 같다. 45 / 86

학교에서 외롭다고 느낀다. 7 / 8

동아시아 나라 학생들이 특히 낮은 수치를 보인 영역은 교우관계였다. 우리나라의 경우 다른 친구들이 나를 좋아할 것이라는 물음에 OECD 평균의 절반 정도만이 그렇다고 응답했다. 또 홍콩이나 일본의 경우는 학교에서 외로움을 느끼거나 소외감을 느끼는 학생들이 OECD 평균의 두 배에 달했다. 학급이라는 가족적 공동체로 끈끈하게 결속된 동아시아 학교의 겉모습이 사실은 허상일 수 있음을 보여주는 결과다. 그리고 이것은 학교 자체가 불편하거나 어색해서는 아니었다.

따라서 동아시아 학생들이 학교에서 소속감을 느끼지 못하는 원인은 학교나 교사보다는 동료 학생들과의 연대가 낮아서라고 결론 내릴 수 있다. 학급이라는 작은 공동체에서 함께하더라도, 그 안에서 동료들을 경쟁 상대로 여긴다면 소속감이나 유대감을 느끼기는 어렵다. 누가 동료들을 친구가 아니라 낯설고 두려운 존재로 만들었을까? 교사일까 학부모일까 아니면 둘 다일까? 누가 됐든, 학생 스스로 그렇게 되지는 않았을 것임은 분명하다.

　다음은 학교에 대한 태도, 즉 학생이 자신의 장래와 연관 지어 학교를 얼마나 긍정적으로 보고 있는가에 대한 조사 결과다. PISA는 학생들이 학교에 대해 긍정적인 태도를 가지고 있을수록 학업에 정진하여 높은 성취도를 올릴 수 있다고 전제했다. 이런 전제는 우리가 갖고 있는 사회적 통념 혹은 상식에서도 크게 벗어나지 않는다. 하지만 실제 조사 결과는 그동안의 통념과 어긋났다.

학교에 대한 학생들의 태도

| ■ 대한민국　■ OECD 평균 | | 단위 : % |
|---|---|---|
| '그렇다/매우 그렇다'고 응답한 비율 | | |
| 학교는 졸업해서 어른이 되었을 때를 충분히 대비해 주지 못했다. | 28 | 32 |
| 학교생활은 시간 낭비였다. | 10 | 8 |
| 학교는 내가 확신을 갖고 결정을 내리게끔 도와주었다. | 66 | 72 |
| 학교는 업무를 수행할 때 유용한 지식들을 가르쳐주었다. | 66 | 72 |

학교 교육이 장차 자신들의 장래에 유용할 것이라고 생각하는 학생의 비율이 높은 나라는 주로 PISA 점수가 낮은 튀니지, 브라질, 멕시코, 터키 등의 개발도상국이었다. 반면 상위권을 독식하고 있는 동아시아 선진국들은 학교 교육이 자신의 장래에 별로 도움이 되지 않는다고 생각하는 학생의 비율이 가장 높았다. 우리나라, 일본, 홍콩 학생들은 학교가 장래를 대비해 유용한 것들을 가르쳐준다거나 혹은 어른이 되는 것을 준비시켜준다고 응답한 비율이 OECD 평균보다 낮았고, 학교에서 공부하는 것이 시간 낭비라고 응답한 비율은 평균보다 높았다.

그렇다면 학생의 윤리적 측면은 어떨까? 여기서 말하는 윤리는 교직윤리와 마찬가지로 선악의 문제가 아니라 학생으로서 주어진 책무를 정당하게 수행하고자 하는 태도를 말한다. 한마디로 정정당당하고 성실하게 공부하려는 자세다. PISA의 학생윤리지수에는 학생들이 학교생활을 즐기는가, 학교에서 열정적인가, 학교에 대해 자부심을 가지고 있는가, 학력 향상을 위해 노력하는가, 동료들과 협력하는가, 학교에서 받는 교육을 중요하게 여기는가 등의 하위 영역을 측정한 결과를 토대로 한다. 이 지수가 높은 학생은 대체로 학교에서 주어진 과업을 열심히 하며, 이를 수행할 때 동료들과 협력하고, 학교생활을 즐거워하며 학교에 대한 긍지도 가진 학생일 것이다.

조사 결과는 예측할 수 있는 것처럼 학생윤리 역시 거의 모든 나라에서 성취도에 적지 않은 영향을 미치는 것으로 나타났다. 교사가 잘 가르치는 것도 중요하지만, 그보다는 학생이 잘 배우는 것이 더 중요하다는 의미다. 흥미로운 사실은 교사의 도덕성과 헌신 부분에서 평균에 미치지 못하며 최하위에 머물던 동아시아 나라들이 학생윤리에 있어서는 전혀 다른 모습을 보여주었다는 것이다. 우리나라는 평균 수준을 기록했고, 일본은 평균 이상의 학생윤리지수를 보여줬다.

학생윤리

| ■ 대한민국 ■ OECD 평균 | 단위 : % |
| --- |
| '그렇다/매우 그렇다'고 응답한 비율 |

| 항목 | 대한민국 | OECD 평균 |
| --- | --- | --- |
| 학교생활을 즐긴다. | 86 | 92 |
| 열정적으로 임한다. | 65 | 73 |
| 이 학교에 자부심을 느낀다. | 81 | 86 |
| 학업적 성취를 중요하게 여긴다. | 73 | 83 |
| 동료를 존중하고 그들과 협력한다. | 93 | 89 |
| 학교에서 받는 교육을 중요하게 여긴다. | 81 | 87 |
| 배우는 데 최선을 다한다. | 70 | 65 |

이 결과를 조금 거칠게 해석하면 우리나라 등 동아시아 학생들의 높은 성취는 주로 잘 가르쳐서라기보다 학생들이 열심히 공부했기 때문이라고 말할 수 있다. 하지만 이것만으로 설명할 수 있을 정도로 학생윤리지수가 압도적으로 높은 것은 아니다. 따라서 하위 영역을 보다 상세하게 살펴볼 필요가 있다.

동아시아 국가의 학생들은 주로 즐거운 학교생활, 동료와의 협력, 학교에 대한 자부심 측면에서 높은 점수를 받았다. 반면 학업에의 열정, 학력 향상을 위한 노력, 그리고 학업에서의 성실성 등은 오히려 최하위권에 머물고 있었다. 학창시절을 고역으로 기억하는 어른들에게는 의외의 결과이겠지만 동아시아 학생들은 대체로 학교생활을 즐기는 편이며, 열심히 공부를 하고는 있지만 그것이 공부에 대한 열정이나 헌신과는 무관한 것이다.

하지만 PISA는 중3~고1 학생들을 대상으로 치러진다. 따라서 응답자들이 생각하는 학교는 고등학교가 아니라 중학교일 가능성이 크다. 우리나라 학생들의 강도 높은 학업 스트레스가 주로 고등학교 시절에 집중된다는 점을 감안하면 이는 당연한 결과다. 물론 최근 들어 중학교까지 입시 교육에 휘둘리기 시작했지만 이 조사 결과는 2003년의 결과임을 염두에 두자. 10여 년 전만 해도 중학교는 비교적 입시에서 자유로운 즐거운 곳이었다.

또 동아시아의 학생들은 동료와의 협력에서도 높은 점수를 보여주었다. 동아시아 국가들은 중고등학교까지 학급이라는 공동체가 잘 편성되어 있다. 이를 감안하면 동료와의 협력 점수가 높은 것이 그리 놀라운 결과는 아니다. 담임교사는 부모 역할을, 동료들은 형제 역할을 하며 서로 가족 같이 생활하는 특성이 학생들의 협력에 기여했을 것이다.

하지만 이는 한편으로 학교에 대한 소속감 조사에서 동료들이 자신을 좋아하지 않을까봐 두려워하던 응답과 상충되는 결과이기도 하다.

동료와의 협력이 중요한 만큼 동료가 자신을 좋아하지 않으면 어쩌나 하는 불안도 같이 높아졌을 수 있다는 의미다. 즉 동아시아에서는 학업성취뿐 아니라 동료와 협력적 관계를 유지하는 것도 큰 스트레스인 것이다.

이런 상황에서 우리나라를 포함한 동아시아 국가 학생들이 학업에의 열정, 학력 향상을 위한 노력, 그리고 학업에서의 성실성 같은 영역에서 상대적으로 저조한 모습을 보여준 것은 어떻게 설명해야 할까? 우선 우리나라 학생들의 학교생활과 학업성취가 무관할 가능성이 있다. 학교생활을 즐기고, 동료와 잘 어울리고, 학교에 대해 자부심을 가지고 있지만 정작 이런 것들과 학습은 무관하다는 것이다. 학교생활이 즐거운 것은 유럽이나 미국에 비해 가족적인 분위기를 즐기기 때문이거나 학원에 가지 않아도 되는 시간이어서일 수 있다. 또 동료들과 높은 협력도를 보여주는 것은 협력 학습이 이뤄져서가 아니라 학급이라는 단위에서 공동생활을 하기 때문이다. 이렇게 학급이라는 공동체에 애착을 가지기 때문에 학교에도 애착을 가지는 것이다.

우리나라를 포함한 동아시아 학생들에게 학교란 애착이 가고 헌신할 만한 곳이다. 단 공부하는 시간만 빼고 말이다. 그리고 이들에게 동료란 애착이 가고 친해지고 싶은 대상이다. 단 시험 칠 때만 빼고 말이다. 우리 학생들은 학교에서 친구들과 즐겁게 어울리고 지낸다. 그러나 단 공부만큼은 철저히 고독하게 수행하며, 그 결과를 놓고 어쩔 수 없이 서로 다투어야 한다.

이 자료는 학생들이 응답한 설문지를 바탕으로 한 것이고, 또 학생이 속한 지역마다 결과의 편차가 있을 수 있다. 하지만 그를 감안하더라도 동아시아 학생들이 상대적으로 학교 교육이 장래에 별 도움이 안 된다고 생각하는 경향이 강하면서도 가장 열심히 공부하고 있는 것은 분명하다. 그리고 당연히 이 모습이 썩 보기 좋지도 않다. 의미도 없고 좋아하지도 않는 공부로 최고 수준의 성취도를 보여준다면 그 공부가 얼마나 고역일지 능히 상상할 수 있다.

PISA는 이 부분에 대해서도 알아보기 위해 2012년 학생들을 대상으로 '학교에서의 행복도' 항목을 신설하여 이를 측정하였다. 결과는 어땠을까?

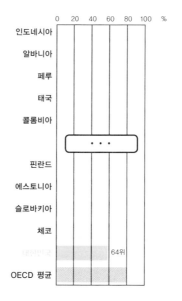

학교에서 행복하다고 응답한 학생의 비율
(전체 64개국 중 상위 5개국과 하위 5개국)

위 그래프는 학교에서 행복하다고 응답한 학생들의 비율이 가장 높은 5개 국가와 가장 낮은 5개 국가를 나열한 것이다. 물론 이 응답 비율 자체에 큰 의미를 두어서는 안 된다. 학생들은 대체로 공식적으로 실시되는 설문조사도 일종의 시험처럼 생각해서 정답을 쓰려는 경향이 있기 때문에 이 비율은 실제보다 다소 과장되었을 것이다. 따라서 특정 국가의 절대적인 비율보다는 국가 간의 상대적인 비율에 의미를 두고 보아야 한다.

우선 OECD 평균은 80%로 상당히 높다. 전체 결과를 놓고 보면 대체로 강압적인 교육이 학생들의 행복도를 떨어뜨린다고 말할 수 있다. 덴마크, 노르웨이, 스웨덴 등 북유럽 복지국가들은 대체로 행복하다고 응답한 학생의 비율이 평균보다 높았다. 영국, 프랑스, 독일 등 서유럽 국가들과 함께 미국은 대체로 평균 수준이었다. 한편 핀란드는 행복하다고 보고된 학생의 비율이 OECD 평균보다 낮았다. 핀란드가 북유럽 나라들 중 상대적으로 교육이 강압적으로 이루어지는 나라임을 상기하면 예측할 수 있는 결과다.

하지만 동아시아 국가의 경우는 조금 다르다. 언뜻 동아시아 학생들이 학교에서 행복하지 않다고 응답했을 것 같았지만 막상 뚜껑을 열어보니 그렇지 않았다. 예상과는 달리 많은 동아시아 학생들이 대체로 학교에서 행복하다고 응답한 것이다. 싱가포르, 대만, 홍콩, 일본은 80%가 넘는 학생들이 학교에서 행복하다고 응답했다. 마카오는 OECD 평균 수준이었다.

이는 동아시아 교육이 단순하게 평가하기 어려운 매우 복잡하고 독특한 체제임을 보여주는 결과다. 공부를 무척 열심히 해서 성취도가 높은데, 정작 그 공부를 좋아하지 않고 의미 있다고 생각하지도 않는다. 그럼에도 불구하고 학교생활은 행복하다고 한다. 이렇게 역설적인 현상이 나타나는 것은 우리가 아직 밝혀내지 못한 제3의 변인이 있다는 뜻이다.

그 요인으로는 우선 동아시아 학교들의 독특한 제도인 담임교사제를 고려해 볼 수 있다. 사실 담임제도는 일본 군국시대 전시동원체제의 흔적이다. 그래서 진보 교육단체에서는 이러한 가부장적 권위주의의 잔재인 담임제도를 폐지해야 한다고 주장하기도 한다. 그런데 2000년대 이후 담임제도는 청소년들이 가질 수 있는 몇 안 되는 1차 집단인 학급이라는 공동체를 형성하는 데 기여하기도 했다. 의지할 어른이 부족해지는 시대에 담임교사의 존재는 의외로 청소년들의 정서적 안정에 큰 역할을 한다.

또 다른 요인으로는 동아시아 학생들의 가정환경을 조심스럽게 들어볼 수 있다. 동아시아 학생들은 가정에서 학업에 대한 압박을 많이 받는 편이다. 또 가정 내 분위기 역시 서구 사회에 비해 가부장적이며 억압적이다. 따라서 학생들은 이미 학업성취에 대한 높은 가치를 어느 정도 내면화하고 있을 가능성이 크다. 같은 맥락에서 학교의 강력한 학력 신장 기조에 그다지 반발심을 느끼지 못할 수 있다. 실제로 혁신학교나 대안학교에서 가르쳤던 교사들은 학생들에게 가하는 학업성취 압력을 줄이자 도리어 학생들이 불안해 했다는 경험담을 토로하기도 한다.

그런데 문제는 우리나라다. 우리나라 학생들 가운데 학교에서 행복하다고 응답한 학생의 비율은 60%에도 미치지 못하여 OECD 평균에 크게 못 미치는 것은 물론 PISA 참가국 전체에서 최하위를 차지하였다. 이런 경향은 한국보건사회연구원에서 공개한 조사에서도 그대로 드러나서 11세, 13세, 15세 학생을 대상으로 한 학업 스트레스 지수에서 우리나라는 50.5%로 유니세프 조사 대상 국가 29개국 가운데 최고로 높았으며, 학교생활 만족도는 30개국 가운데 26위(18.5%)로 가장 낮은 편에 속했다(2009~2010년 기준).

다른 동아시아 나라의 학생들이 대체로 높은 비율로 행복하다고 응답한 것과 달리 우리나라만 유독 최하위에 위치하고 있다는 것은 우리나라 교육이 동아시아 교육의 범주에 그냥 묶일 수 없는 독특한 성격을 가지고 있음을 보여준다.

흔히 동아시아 교육에 대하여 강압적인 주입식 학습이라는 견해가 지배적이다. 일본이나 홍콩의 경우 고등학교는 물론 중학교도 비평준화이기 때문에 초등학교 때부터 학생들이 입시 스트레스에 시달린다. 홍콩의 중학교는 수업이 하루에 무려 8~9교시에 걸쳐 이루어지며 두발, 복장, 생활태도에 대한 규제도 매우 강하다. 우리나라보다 더하면 더했지 결코 덜하지 않은 강압적인 학교 풍토다.

반면 우리나라 학교의 강압적인 권위주의는 거의 무너졌다. 이것을 보수적인 사람들은 교실 붕괴라고 불렀지만, 어쨌든 그 과정도 이제는 어느 정도 정리된 단계다. 따라서 우리나라 학생들이 다른 동아시아 학생들보다 학교에서 더 불행하다고 느끼는 이유가 억압적인 학교 분위기 때문이라고 보기는 어렵다.

만약 학생들이 과도한 성취 기대와 강제적인 학업에의 강요를 받고 있다면 이는 학교보다는 학부모에게서 비롯되었을 가능성이 큰 것이다. 학습에 대한 강요와 강압은 학부모로부터 받았지만, 어쨌든 그 학습이 일어나는 장소는 학교이기 때문에 학생들은 학교에서 불행한 것이다.

게다가 지난 10년 동안 학부모를 고객으로 삼는 교육 소비자주의가 스며든 결과 우리나라에서 학교와 학부모의 관계는 학부모가 갑, 학교가 을로 굳어졌다. 학부모의 높은 성취 압력이 학교 교육과정이나 학생의 학교생활에도 영향을 미치고 있다는 의미다.

## 부모의 기대가 자녀를 불행하게 한다

이에 따라 PISA는 2012년 학생들이 부모로부터 받는 성취 압력도 조사하였다. 조사는 두 가지 영역에서 이루어졌다. 하나는 부모들이 자기 자녀가 30세가 되었을 때 전문직·관리직에 종사하고 있기를 기대하는 비율, 다른 하나는 자기 자녀가 적어도 대학 졸업 이상의 학력을 가지기를 기대하는 비율이다. 자녀가 전문직·관리직이 되기를 희망할수록, 또 자녀가 대학 졸업 이상의 학력을 갖길 기대할수록 학생들에게 가하는 부모의 성취 압력은 높을 것이고, 학생들은 과도한 스트레스에 시달릴 것이다.

그래프를 보면 알 수 있듯이, 이 조사도 예상과 다른 결과를 보였다. 우리나라 학부모들은 자기 자녀가 30세가 되었을 때 전문직이나 관리직에 종사하고 있을 것으로 기대하는 비율이 그렇게 높지 않았다. 그 비율은 50% 정도로 독일과 비슷한 정도다. 비슷한 동아시아 국가인 홍콩은 우리보다 훨씬 높은 80% 이상이 부모로부터 전문직·관리직 진로에 대해 압력을 받는 것으로 나타난 것과 대조적이다.

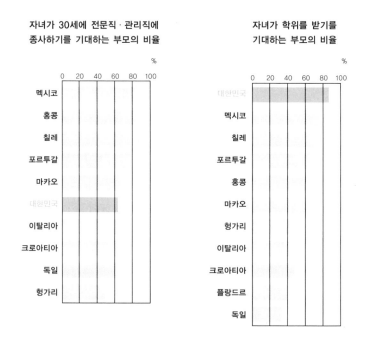

자녀의 미래에 대한 부모의 기대 수준

자녀가 30세에 전문직·관리직에
종사하기를 기대하는 부모의 비율

자녀가 학위를 받기를
기대하는 부모의 비율

반면 학력에 대한 욕심은 많은 것으로 나타났다. 우리나라는 학부모의 85%가 자녀의 대학 졸업을 희망하고 있었다. 조사 대상 국가들 중 단연 최고 수준이다. 흥미로운 사실은 자녀가 전문직에 종사하기를 희망하는 부모가 80%가 넘었던 홍콩의 학부모들은 정작 60%만 자녀의 대학 졸업을 희망했다는 점이다.

이 둘을 비교해 보자. 우리나라는 85%의 학부모가 자녀의 대학 졸업을 원하지만 60%만이 전문직을 기대한다. 반면 홍콩은 80%의 학부모가 자녀가 전문직이 되기를 기대하지만 60%만이 자녀의 대학 졸업을 기대한다. 한편 독일의 경우 50% 정도의 학부모가 자녀가 전문직이기를 기대하지만 35%만이 대학 졸업을 기대하고 있다. 우리나라 학부모들은 대졸자가 많은 반면 그를 수용할 전문직 일자리는 부족하다고 생각하는데 반해, 홍콩이나 독일은 그 반대라는 사실을 보여주는 결과다. 학부모들의 인식이 대학을 졸업하지 않아도 전문직이 되기는커녕, 대학을 졸업해도 전문직 근처에도 못 가는 우리나라의 현실을 반영하는 것이다. 바꿔 말해 홍콩이나 독일 학부모들이 "내 아이가 전문직이 되고자 한다면 열심히 공부해서 좋은 대학에 가야 하겠지"라고 말하고 있는 상황에서, 우리나라 학부모들은 "꼭 전문직이 되기를 바라지는 않지만, 입에 풀칠이라도 하려면 열심히 공부해서 좋은 대학에 가야 하겠지"라고 말하고 있는 셈이다.

부모의 이런 인식은 우리나라의 극심한 임금 격차도 반영하고 있다. 우리나라의 대졸 전문직·관리직 노동자는 우리보다 국민소득이 두 배 높은 일본, 싱가포르의 전문직과 비슷한 임금을 받는다. 반면 그 나머지 일자리는 갈수록 열악한 보수와 근로 조건을 감당해야 하는 비정규직으로 바뀌어가고 있다. 부모들이 자녀에게 행사하는 성취 압력은 자녀의 장래에 대한 포부와 기대보다는 공포와 불안에서 기인한 것이다. 부모의 성취 압력은 부와 명예를 얻기 위해서, 혹은 거기까진 아니지만 남들보다 잘 먹고 잘살기 위해서가 아니다. 단지 소박하고 평범한 삶을 살기 위해서, 죽어라 공부해 적어도 대학은 나와야 한다고 요구하는 것이다.

이런 식으로 공부하라고 얘기하는 것이 사춘기 청소년에게 전혀 공감을 얻지 못함은 어찌 보면 당연하다. 칙센트미하이는 '몰입 이론'에서 어떤 행위가 다른 목적을 위한 수단으로서가 아니라 그 자체로 즐거움을 가질 때, 그 자체가 목적이 될 때 성취도가 높아진다고 주장했다(Csikszentmihalyi, 1990). 그리고 그 과정에서의 성취 압력은 고통스러운 것이 아니라고 말했다. 자신이 하고자 하는 일을 할 때 적절한 수준의 성취 압력은 오히려 심신 건강에 도움이 되기도 한다는 것이다. 그러나 우리나라 부모들의 교육열처럼 의미 없는 성취 압력, 공감할 수 없는 성취 압력은 학생에게 가서 엄청난 스트레스로 작용할 뿐이다. 우리나라가 다른 동아시아 나라들과 교육 상황에서 차이가 난다면 바로 이런 점일 것이다.

## 학생들은 어떤 공부 방법을 선호할까?

강남구 대치동 학원가에 가면 빌딩마다 꼭 하나씩 있는 것이 학습 클리닉, 컨설팅, 코칭 따위의 간판이다. 특정 과목을 가르치는 것이 아니라 공부하는 방법을 가르치겠다는 것이다. 대치동 학원가는 트렌드에 민감한 곳이다. 공부하는 방법을 가르치는 것이 공연한 소리가 아니라는 뜻이다.

실제로 PISA는 학습 결과가 아니라 학습할 수 있는 능력을 중심으로 평가하겠다고 공언했다. 학생들의 학습 전략을 조사하여 꼼꼼하게 분석한 것도 그 일환이다. 이 조사는 우리나라 언론이나 교육학계에서 크게 주목받지 못했다. 하지만 이런 자료들을 분석해야 교육을 어떻게 개선해 나갈지에 대한 아이디어가 생기는 법이다.

PISA는 학생들이 어떤 학습 전략을 선호하는지, 그리고 학습 전략에 따른 성취도가 어떤 차이를 나타내는지 분석하였다. 이 분석은 순서에 따라 2000년에는 읽기, 2003년에는 수학, 2006년에는 과학 소양의 순서로 이루어졌다. 여기서는 우선 읽기 소양에 대한 분석 자료를 중심으로 살펴보고, 가장 최근에 실시한 2012년 수학 소양에 대한 분석 자료를 통해 최근 학생들의 동향을 살펴볼 것이다. PISA는 학습 전략을 다음과 같은 두 개의 축을 이용하여 분류하고 있다.

## 1. 협력적/경쟁적 학습 전략

여기에 대해서는 이미 이름 그 자체로 충분하니 별다른 설명이 필요 없을 것이다. 협력적 학습 전략은 학습을 위해 동료들과 협력하는 방식을 선호하는 것이다. 경쟁적 학습 전략은 학습을 개인 단위로 수행하며 동료와 경쟁하는 방식을 선호하는 것이다.

## 2. 정교화/암기식 학습 전략

정교화 학습 전략이란 새로운 것을 배울 때 그 내용만 생각하기보다는 다양한 맥락에 이를 적용해 보는 방식이다. 여러 가지 상황에서 문제해결 방안 모색하기, 제시된 상황과 다른 상황 속에서 학습 내용을 적용해 보고 결과 예측하기, 학습 내용을 이미 알고 있는 것과 관런지어보기, 비판적 관점에서 학습 내용 성찰하기 등이 모두 포함된다. 정교화 학습 전략을 선호하는 학생은 교재에서 요점을 파악한다거나 이를 암기하려고 의식적으로 노력하지 않으며, 오히려 학습할 내용이 쓸모 있는 것인지, 의미 있는 것인지를 따져보면서 학습에 임한다.

반면 암기식 학습 전략은 새로운 것을 배울 때 일단 교재의 내용을 머릿속에 되도록 빨리 그리고 많이 기억하는 전략이다. 교재를 반복하여 읽고, 교재의 핵심 용어를 간추려 정리하는 것이 암기식 학습의 주된 방식이다. 이 전략을 선호하는 학생은 학습 내용이 주어질 경우 먼저 요점이나 핵심을 파악하려 하고, 그 다음에는 이를 반복적으로 읽거나 쓰면서 암기할 것이다.

이제 PISA의 조사 결과를 살펴보자(다만 이 결과는 학생들의 학습 과정을 실제로 정교하게 조사한 것이 아니라, 학생들을 대상으로 한 설문지 응답 결과라는 점에 유의해야 한다). 먼저 협력/경쟁 축의 결과다. 두 가지 학습 전략 가운데 PISA가 지지하는 것은 협력적 학습임을 우리는 이미 앞서 설명한 내용에 미루어 짐작할 수 있다. 협력적 학습은 OECD가 주장하는 21세기 핵심역량에 해당되는 것이기 때문이다. 21세기는 여러 분야에서 서로 다른 능력을 가진 사람들이 협업을 통해 새로운 것을 만들어내야 하는 시대다. 따라서 다양한 특성을 가진 동료들과 협력할 수 있는 능력이 긴요하다. PISA 역시 학습 결과가 아니라 학습 능력을 평가한다고 공언하였기 때문에 동료들과 협력하는 능력이 곧 PISA가 측정하고자 하는 소양에 포함되어야 한다. 따라서 PISA가 공언한 대로라면 PISA의 성취도는 경쟁보다는 협력을 선호할수록 더 높게 나와야 한다. 그렇다면 결과는 어떨까?

우선 협력적 학습을 선호도부터 살펴보자. OECD 평균을 기준(0)으로 잡고 막대가 그래프의 왼쪽에 있으면 선호도가 평균보다 낮은 것이며 오른쪽에 있으면 높은 것이다. 포르투갈, 칠레, 덴마크, 브라질, 미국 학생들이 상대적으로 협력적 학습을 선호하는 것을 확인할 수 있다. 반면 동아시아 국가와 독일, 스웨덴 등 북서부 유럽 국가들은 협력적 학습을 선호하지 않는 것으로 나타났다. 핀란드 역시 협력적 학습을 특별히 선호하지 않는 것으로 나타나서, 높은 성취도를 나타낸 나라의 학생들은 대체로 협력적 학습을 선호하지 않는 것으로 확인되었다.

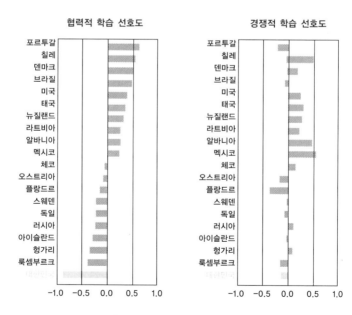

문제는 우리나라다. 우리나라는 조사 대상 나라들 중 협력적 학습 지수가 가장 낮았다. 그것도 꼴찌에서 두 번째인 룩셈부르크와 두 배 이상 차이가 날 정도로 압도적인 꼴찌다. 즉 우리나라 학생들은 학습할 때 협력을 거의 하려고 하지 않는다는 의미다. 맥락은 조금 다르지만 이런 경향은 중고등학생뿐 아니라 대학생에게서도 팀별 과제를 꺼리는 등의 모습으로 나타난다.

다음은 오른쪽에 있는 경쟁 학습 지수다. 흔히 학습에서 협력을 선호하면 경쟁을 선호하지 않을 것이라고 생각한다. 그런데 두 그래프를 비교해 보면 학습에서 협력과 경쟁 사이에는 어떤 길항관계도 확인되지 않는다. 예컨대 협력 선호도에서 2위를 차지한 칠레는 경쟁 선호도에서도 2위를 차지했다. 덴마크 학생 역시 협력을 선호하지만 경쟁도 선호한다. 반면 스웨덴이나 독일 학생들은 협력을 선호하지 않지만 경쟁도 그다지 선호하지 않는다. 우리나라 역시 협력을 극히 싫어하는 학생들이지만 그렇다고 경쟁을 좋아하는 것도 아니다.

이러한 현상은 각 나라의 문화적 배경이 반영된 것일 수 있다. 예컨대 협력 학습을 선호하는 정도가 매우 높게 나온 포르투갈, 이탈리아, 칠레, 브라질 등은 가족적이고 시끌벅적한 무리생활을 선호하는 라틴문화의 영향이 강한 나라들이다. 흥미로운 점은 이 문화권 나라들이 협력도 좋아하고 경쟁도 좋아한다는 것이다. 라틴문화권 학생들은 친구들과 팀을 이루어 자기들끼리는 협력하면서 다른 팀과의 경쟁도 좋아하는 것으로 나타났다. 즉 협력과 경쟁이 동시에 일어나는 것이다.

한편 독일, 스웨덴 학생들이 협력적 학습을 선호하지 않는 까닭 역시 교육이 경쟁적이라서가 아니라 무뚝뚝하고 개인주의적인 튜톤족 문화의 영향일 수 있다. 그래서 이들은 협력을 싫어하면서 경쟁에도 그다지 호의적이지 않다. 그냥 혼자 하겠다는 것이다. 튜톤족 문화권에 속하는 학생들은 협력도 경쟁도 싫고, 한마디로 다른 학생들을 의식하기보다 자신의 목표를 중심으로 여기는 경향이 강하다고 볼 수 있다.

반면 홍콩은 입시 교육의 전형적인 모습을 보여준다. 홍콩 학생들은 협력은 그리 선호하지 않지만 경쟁은 다른 나라에 비해 압도적으로 선호하는 정도가 높다. 가족주의, 공동체주의가 매우 강한 문화권에서 협력보다 경쟁을 압도적으로 선호한다는 것은 결국 입시 경쟁이 치열하기 때문이라고밖에 볼 수 없다. 실제로 홍콩은 인구 800만 명에 대학이 8개(그중 하나는 방송통신대학)에 불과하고(우리나라에 대학이 40개밖에 없다고 생각해 보라), 그마저도 엄청난 숫자로 밀려오는 중국 유학생과 경쟁해야 하는 상황이다. 학생들이 어마어마한 입시 압박에 시달리고 있는 것이다.

우리나라는 어떨까. 일단 우리나라 학생들의 협력적 학습에 대한 선호가 참가국들 중 가장 낮은 것은 충분히 예측 가능한 일이었다. 그런데 우리나라 학생들은 경쟁에 대한 선호도 낮았다. 그렇다고 우리나라가 튜톤족 나라처럼 개인주의가 발달한 나라도 아니다. 공동체주의가 발달한 동아시아 중에서도 우리나라는 집단, 공동체가 개인을 말살할 정도로 강하게 발달한 나라에 속한다. 그런데도 마치 개인주의자들처럼 협력, 경쟁 불문하고 타인에게 무관심한 상태에서 학습하는데, 놀랍게도 성취도는 매우 높다.

어쨌든 지금까지의 결과로 학습에서 협력을 선호하는 것과 경쟁을 선호하는 것 사이에 뚜렷한 길항관계가 없다는 것을 확인할 수 있다. 일각에서는 "경쟁에서 협력으로"를 교육 개혁의 구호처럼 내세웠지만 이런 구호가 논리적으로 맞지 않다는 사실이 PISA 결과를 통해 확인되었다. 차라리 공부를 혼자 하는 것과 협력하는 것 사이에서 상관관계가 있다고 보는 편이 맞을 것이다. 따라서 저 구호도 "개별에서 협력으로"로 바뀌어야 할 것이다. 협력하더라도 다른 팀과는 언제든지 경쟁할 수 있는 것이다.

다음은 정교화 학습과 암기식 학습이다.

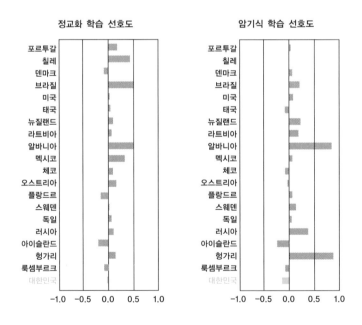

정교화 학습과 암기식 학습에 대한 선호도

왼쪽 그래프는 정교화 학습 전략을 선호하는 정도를 표시한 것이고, 오른쪽 그래프는 암기식 학습 전략을 선호하는 정도를 표시한 것이다. PISA가 공식적으로 밝히지는 않았지만, 정교화 학습 전략은 PISA의 실시 배경과도 맞닿아 있다. PISA는 누적된 지식(암기된 지식) 이상의 것, 예컨대 적용하고 활용하는 능력, 학습 결과가 아닌 학습 소양을 평가한다고 여러 차례 밝힌 바 있다. 따라서 PISA에서 상위권에 자리한 국가의 학생들은 암기식보다는 정교화 학습 전략을 선호해야 한다. 달리 말하면 정교화 학습 전략을 선호하는 나라일수록 PISA 점수가 높아야 한다.

그러나 이런 예측이 현실에서도 그대로 나타나는 것은 아니다. 그래프를 살펴보면 PISA 점수가 높은 우리나라, 핀란드, 홍콩, 뉴질랜드, 캐나다는 모두 정교화 학습 전략에 대한 선호도가 그리 높지 않은 곳이다. 특히 홍콩의 경우 정교화 학습 전략보다 암기식 학습 전략의 선호도가 월등하게 높다. 따라서 홍콩의 교실 풍경은 쉽게 그려질 수 있다. 학생들이 치열하게 경쟁하면서 그야말로 교과서를 씹어 먹을 듯이 암기하고 있는 것이다.

우리나라 학생들은 과연 어떤 상황일까? 우리나라와 핀란드는 비슷한 모습을 보여주는데, 암기식 학습 전략의 선호도와 정교화 학습 전략 선호도가 모두 OECD 평균을 밑돌고 있다. 난감한 결과다. 정교화도 암기도 아니라면 우리나라와 핀란드 학생이 선호하는 학습 전략은 과연 무엇일까? 아마 이런 결과를 보인 이유는 다음 중 하나일 것이다.

1. 우리나라 학생들의 학습 전략은 정교화 학습이나 암기식 학습의 범주에 포괄되지 않는 제3의 무엇이다.

2. 우리나라 학생들이 특별한 학습 전략 없이 공부한다. 교육이 주입식이고 강압적으로 이루어져서 교사가 정교화 전략을 구사하면 학생도 이를 구사하고, 교사가 암기를 강조하면 암기 전략을 구사하는 등 본인의 전략이 아니라 어른이 제시하는 전략에 따라 학습하는 것이다.

3. 우리나라 학생들이 학습 자체를 싫어한다. 학습 자체가 싫은데 여기에 암기가 좋아, 정교한 학습이 좋아 하고 물어보는 것은 참 의미 없는 물음이다.

이 세 가지 모두 충분히 가능성이 있다. 먼저 첫 번째 경우는 우리나라 교육 개혁가들의 서방정토인 핀란드 학생들 역시 우리나라와 비슷하게 두 학습 전략 어디에도 해당되지 않는 모습을 보여준다는 점에서 의미심장하다. 이 둘 사이에 뭔가 다른 학습 전략이 있을 가능성은 분명히 있다. 두 번째 경우 역시 가능하다. 역설적으로 또 핀란드인데, 유럽에서는 핀란드가 대체로 강압적이고 강도 높은 교육을 실시하는 나라로 알려진 점을 염두에 두자. 핀란드 학생 역시 학습 전략이 학생 스스로가 아니라 교사의 영향력에 따라 정해졌을 가능성이 충분히 있다. 하지만 가장 가능성이 높은 것은 세 번째이다. 우리나라 학생들은 어떤 전략도 세우지 않고 그냥 시키는 대로 할 뿐인지 모른다. 그래서 공부와 관계된 것은 다 싫고 그저 귀찮다고 여길 수도 있다.

# 성취도에 관한 오해

통설이란 흔히 그렇게들 알고 있지만, 실제로는 전혀 검증되지 않은 주장들이다. 예컨대 한국 교사들은 하는 일에 비해 너무 과한 대우를 받는다는 인식이 그렇다. 마찬가지로 학생들을 수준별로 분류하여 비슷한 수준끼리 모아놓아야 학습효과가 높아진다는 통설이 있다. 수준이 다양한 학생들을 함께 모아놓으면 교사가 중간 수준에 맞춰 수업을 진행할 수밖에 없기 때문에 상위권 학생에게는 지루하고 하위권 학생에게는 너무 어려워서 결국 모두가 손해라는 것이다.

이런 논리에 따라 우리나라에서는 7차 교육과정에서부터 수준별 분반수업이 도입되었다. 특히 영어와 수학 교과의 경우 수준별로 3개에서 5개까지 학급으로 분반하여 수업이 진행되고 있다. 처음에는 보통반과 우수반으로 나누다가 지금은 4~5개 반까지 수준별로 분반하여 수업을 진행한다. 하지만 이런 칸막이식 수업은 학습의 주체를 개인으로 상정하는 낡은 교육학에서 비롯된 정책이다.

## 수준별 분반수업이 성취도를 높일까?

최근에는 학습이 개인 단위가 아니라 여러 학습자들 간의 상호작용을 통해 이루어진다는 것이 거의 정설로 굳어지고 있다. 여기서 말하는 집단은 단지 여러 명의 개인이 모인 것 이상의 의미다. 비슷한 수준, 비슷한 성향의 학생들끼리 모여 있을 경우는 집단이라고 보기 어렵다. 동일성으로 이루어진 집단에서는 상호작용이 활발히 일어날 여지가 적기 때문이다. 다양성이 결여된 집단은 다만 개인의 무더기이다. 집단의 힘은 서로 다른 구성원들 간의 상호작용 속에서 발휘되는 것이며, 이 이질적 개인들 간의 협력을 통해 창발되는 것이다. 이런 점에서 수준별 분반수업은 오히려 학급의 이질성을 동질성으로 수렴하는 부작용을 가져올 수 있다.

더구나 청소년들은 섬세하고 정서적으로 예민하다. 이 시기 학습의 절반은 의욕과 동기에서 이루어진다. 수준별 분반수업은 학습 주체로서의 공동체를 파괴할 뿐 아니라 청소년들의 자존감에도 심각한 악영향을 줄 수 있다. 잠재능력이 풍부한 청소년들은 학습 의욕을 북돋기만 하면 성인들에게서는 기대할 수 없는 놀라운 성취를 보여주기도 하지만, 반대로 그 의욕이 상실되고 사기가 꺾이면 순식간에 나락으로 떨어지기도 한다. 따라서 학생들에게 어떻게 동기를 부여하느냐가 청소년들을 대상으로 하는 교육에서는 가장 중요하다.

물론 수준별 분반수업에 대해 상급반 학생들은 떨어지지 않기 위해 하급반 학생들을 올라가기 위해 자극을 받기 때문에 학습 동기를 높일 것이라는 기대도 있다. 하지만 PISA 2012의 조사 결과에 따르면 수준별 분반수업은 학생들의 학습 동기에 매우 나쁜 영향을 주는 것으로 나타났다.

다음 그래프를 보자. 이 그래프는 수준별 분반수업과 학생들의 학습 동기의 관계를 표시한 것이다. 그래프에서 오른쪽으로 갈수록 수준별 분반수업이 적극적으로 이루어지는 나라이며 왼쪽으로 갈수록 분반수업이 덜 이루어지는 나라다. 또 위쪽으로 갈수록 학생들의 학습 동기가 높고 아래쪽으로 갈수록 낮다.

수준별 분반수업과 학습 동기의 관계

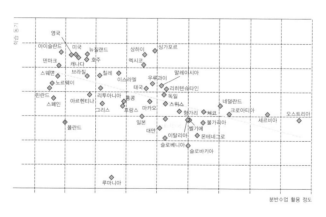

일단 한눈에 확인할 수 있는 것은 분반수업이 많이 활용되는 나라일수록 학생들의 학습 동기가 낮아진다는 뚜렷한 경향성이다. 이 중 특히 노르웨이, 스웨덴, 핀란드, 덴마크 등 북유럽 국가들은 분반수업

을 거의 하지 않고 있으며, 이른바 신자유주의 경쟁 교육의 원조처럼 취급받는 미국과 영국 역시 분반수업을 거의 하지 않는 나라에 속한다는 것이 눈에 띈다. 또 이들 나라의 학생들은 다른 나라에 비해 동기 부여가 잘 이루어지고 있음을 확인할 수 있다.

우리나라는 대만, 홍콩, 싱가포르, 일본 등 다른 동아시아 나라들과 더불어 비교적 분반수업을 많이 하는 편에 속한다. 심지어 그중에서도 가장 분반수업을 많이 하는 나라다. 그러나 독일, 스위스, 네덜란드, 오스트리아 등에 비해서는 분반수업을 적게 한다. 하지만 이 나라들은 초등학교 5학년 나이 때부터 인문계와 실업계가 나눠지는 나라이기 때문에 이런 결과가 나온 것이다. 따라서 우리나라는 분반수업이 가장 많이 이루어지는 나라에 속한다고 봐야 할 것이다. 그래서 당연히 학습 동기도 많이 떨어져 있다. 기대와 달리 하급반에 배당된 학생들은 자극을 받기보다는 열패감을 느끼고, 상급반에 배당된 학생들은 스트레스를 느끼는 상황일 가능성이 크다는 의미다.

### 시험을 자주 보면 성취도가 높아질까?

분반수업 이외에 학생들의 경쟁 심리를 부추기는 자극으로는 시험이 있다. 실제로 자유학기제를 실시하는 학교에서 학부모들이 시험을 안 치면 아이들이 공부를 안 할까봐 걱정한다는 보고가 많이 들어온다. 과연 시험은 적절한 자극이 되어 학생들의 학습 동기를 높일까? "이거 시험에 나온다"고 말하면 더 열심히 보고 듣는 학생들의 모습을 보면 그럴 것 같기도 하다.

PISA는 평가 유형과 빈도에 따라 학생의 성취도에 차이가 있는지도 조사하였다. 학교에서 이루어지는 평가는 크게 지필고사, 학생 포트폴리오, 교사의 평정(judgemental rating), 형성평가(과정평가), 학생 주도적 프로젝트나 과제(수행평가)로 분류되었다. 지필고사는 흔히 말하는 시험이고, 학생 포트폴리오는 학기 혹은 주어진 기간 동안 학생들이 자신의 활동 결과를 작품집과 같은 방식으로 정리한 것이며, 교사의 평정은 주어진 기간 동안 학생들의 활동을 보고 목표에 얼마나 가까워졌는지 교사가 평가하는 것이다.

PISA는 1년간 각각의 평가를 3회 이상 실시한 학교와 2회 이하 실시한 학교 간의 성취도 차이를 살펴보았다. 이 결과를 토대로 시험을 자주 보면 성취도가 높아지는지, 그리고 정말 지필고사를 자주 보는 학생들이 익숙한 방식의 PISA에서 높은 점수를 받는지 확인할 수 있다. 게다가 이는 수업 방식에 따른 성취도 비교로도 활용할 수 있다. 평가 방식은 교사의 수업 방식을 따르게 되어 있다. 예컨대 주입식 교육을 실시한 교사라면 지필고사를 선호할 것이다. 그런 학교에서는 당연히 토론, 연극, 프로젝트 수업을 실시할 여지도 적을 것이다.

우선 지필고사 빈도에 따른 성취도 격차를 살펴보자. OECD 평균을 보면 지필고사 빈도와 성취도 간에 유의미한 상관관계는 없었지만, 우리나라와 일본의 경우는 지필고사를 3회 이상 실시하는 학교가 그렇지 않은 학교보다 월등한 성취도를 보였다. 하지만 우리나라와 일본에서는 연 4회 지필고사가 일반적이기 때문에 3회 미만 지필고사를 실시하는 학교가 매우 특수한 경우에 속한다. 그 외의 나라들은 지필고사를 많이 보나 적게 보나 학생들의 성취도 차이는 크지 않았고, 또 반드시 시험을 많이 친다고 높은 것도 아니었다.

다만 OECD 평균을 통해 살펴보면 평가 횟수가 많은 학교의 성취도가 더 높은 경우를 찾을 수 있는데, 이는 형성평가나 학생주도의 프로젝트, 과제의 경우였다. 즉 지필고사를 많이 실시한다고 해서 PISA 점수가 높지는 않지만 과정평가, 프로젝트 평가를 자주 실시하는 학교의 성취도는 그렇지 않은 학교보다 분명히 더 높은 것이다. 특히 일본의 경우 학생 주도의 프로젝트 평가를 자주 실시한 학교의 성취도가 두드러지게 높은 것으로 나타났다.

## 공부 시간만 늘리면 PISA 성적은 높게 나올까?

마지막으로 학습 시간이다. 동아시아 국가들의 높은 성취도는 이제 외면할 수 없는 대세다. 그런데 일각에서는 이런 추세가 치열한 입시경쟁 때문에 학생들의 학습 시간이 워낙 길어서 그런 것이라는 반박이 있었다. 특히 우리나라에서는 진보 진영을 중심으로 이런 문제제기가 계속 되어왔다. 정말 그럴까?

PISA 2003 보고서에 수록된 다음 그래프는 이런 주장을 어느 정도 설명해 준다. 그래프는 각 나라 학생들이 일주일에 공부하는 데 얼마나 많은 시간을 사용하는지를 학교 안과 학교 밖으로 나누어 조사한 결과다. 0을 기준으로 오른쪽 막대는 학교 안에서 1주일간 학습한 시간이며, 왼쪽 막대는 학교 밖에서 1주일간 학습한 시간이다.

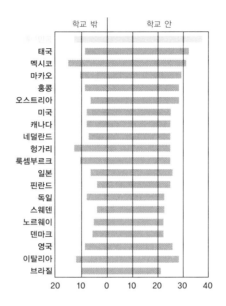

일단 우리나라 학생들의 압도적인 학습 시간이 눈길을 끈다. 특히 우리나라 학생들이 학교 안에서 공부에 쏟아 붓는 시간은 다른 모든 나라를 압도한다.

그도 그럴 것이 우리나라는 일단 주당 수업 시수 자체가 많다. 하지만 우리나라만큼 주당 시수가 많은 홍콩은 교사의 수업 이외에는 학교에서의 공부가 없지만 우리나라는 거기에 보충, 심화 수업이 추가되었다. 게다가 우리나라는 학교 밖에서의 학습 시간도 결코 다른 나라에 뒤지지 않는다. 그런데 상대적으로 학교 숙제를 하는 시간은 다른 나라에 비해 적다. 우리나라만큼 공부를 많이 하는 홍콩은 학교에서는 수업, 학교 밖에서는 숙제를 하느라 많은 시간을 쓰는 등 철저히 정규수업의 테두리 안에서 공부한다. 하지만 우리나라는 학교 범위,

정규수업 범위를 벗어난 별도의 학습 시간이 매우 길다.

반면 독일, 스웨덴, 노르웨이, 덴마크 그리고 높은 성취도를 보여준 핀란드까지 포함하여 대부분의 유럽 나라들은 학교 안에서나 밖에서나 우리나라보다 훨씬 적은 시간을 공부할 뿐 아니라 전반적으로 다른 참가국들보다도 공부를 적게 했다. 심지어 핀란드는 참가국들 중에서 가장 학습 시간이 적은 편에 속했다.

그렇다면 동아시아의 높은 성취는 특유의 입시 경쟁 풍토로 인해 학생들이 워낙 공부를 많이 한 결과일까? 일단 홍콩, 마카오의 경우를 보면 확실히 유럽 나라들보다 많은 시간을 공부하고 있음을 확인할 수 있다. 하지만 일본의 경우 다른 유럽 나라들과 비교해 그리 많은 시간을 공부하고 있지는 않다. 또 공부를 많이 하는 홍콩, 마카오 역시 우리나라와 비교하면 훨씬 적은 시간만 공부하고 있다. 그렇다면 우리나라 학생들이 홍콩, 마카오, 일본 학생들에 비해 머리가 나쁜 것일까? 그건 아닐 것이다.

유일하게 가능한 설명은 우리나라 학생들의 공부 시간이 이미 한계 생산성이 0에 수렴될 정도로 늘어나 있다는 것이다. 공부하는 시간을 늘리면 학업성취도가 높아지는 것은 당연한 사실이다. 그러나 거기에는 한계가 있어서, 어느 정도 수준에 오르면 그다음부터는 단지 학습 시간을 늘린다고 해서 성취도가 높아지지 않는다. 즉 학습 시간을 한 시간 늘렸을 때 성취도가 높아지는 데에는 한계가 있다는 것이다.

우리와 비슷한 수준의 성취도를 보여주는 홍콩, 마카오, 일본의 학습 시간이 우리보다 훨씬 적은 것은 이런 사실을 더욱 분명하게 보여준다. 필요 이상의 공부는 무의미하거나 오히려 해로울 수 있다. 예컨대 그 변곡점이 20시간이라고 하자. 그럼 일주일에 20시간까지 수학 공부를 늘린다면 성취도가 높아질 것이다. 하지만 20시간을 넘어가면 공부를 더 해도 성적이 잘 오르지 않으며, 어느 시점부터는 아무리 공부 시간을 늘려도 성적이 그대로거나 오히려 떨어지게 된다. 즉 일본이나 홍콩 학생들보다 더 긴 시간을 공부에 쏟아 붓는 것은 성취도와 전혀 상관없는 시간 낭비인 것이다. 우리나라 학생들은 열심히 공부하면서 학습 시간도 길다. 하지만 그 긴 시간마저도 아무 성과 없이 투입되고 있는 것이다.

PISA는 학습 시간과 성취도의 관계를 보여주는 조사도 실시했다. 여기서 학습의 한계생산성을 가장 분명하게 보여주는 수치가 바로 학습효율화 지수다. 이는 PISA 2006에서 측정했는데, 각 나라별로 3개 영역의 합계 점수(총점)를 구한 뒤 이를 각 나라 학생들의 1주일당 평균 학습 시간으로 나눈 것이다. 따라서 이 수치는 학습 시간 1시간 동안 PISA 점수를 몇 점 올리는지에 대한 지표가 된다. 당연히 이 수치가 높을수록 공부의 효율성도 높다는 뜻이다.

총점에서 1위를 차지한 핀란드는 학습효율화 지수 역시 1위였다. 반면 총점으로는 2위였던 우리나라는 이 점수를 학습 시간으로 나누자 OECD 평균에도 한참 못 미치면서 24위로 뚝 떨어졌다.

이 결과를 두고 우리나라 학생들의 학습 능력이 떨어져서 모자라는 능력을 학습 시간으로 때웠다는 성급한 결론을 내리기 쉽다. 혹은 우리나라 학생들의 학습 방법이 비효율적이라는 결론을 내릴 수도 있다. 그러나 우리와 비슷한 교육 체제를 운영하는 일본의 학습효율화 지수가 높은 것으로 보아 이는 사실이 아닐 가능성이 크다.

국가별 PISA 점수 및 학습효율화 지수

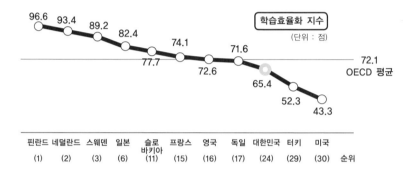

따라서 앞서 말한 대로 우리나라 학생들의 학습 시간이 이미 한계 효용이 0이 되는 지점을 지나 쓸데없이 허비되고 있다고 보는 편이 가장 타당하다. 핀란드 학생들은 효율성을 담보할 수 있는 시간까지만 공부하는 반면 우리나라 학생들은 그 수준을 훨씬 넘어갔음에도 불구하고 끝없이 학습 시간을 투입하면서 시간, 자원, 그리고 건강을 낭비하고 있는 것이다.

# 5

# PISA보다
# PIAAC이 문제다

PISA

# 평균 이하의
# 대한민국 성인

여러 번 강조하지만 PISA는 교육평가가 아니다. PISA는 기본적으로 경제적 관점에서 이루어지는 평가다. PISA의 평가 대상이 되는 학생들은 앞으로 계속 학교에서 배울 학생이 아니라 곧 학교를 벗어나 사회에서 살아갈 학생들, 즉 어른이자 노동자가 되기 직전의 학생들이다. OECD가 학습 능력을 강조하는 까닭도 그것이 곧 노동력, 즉 생산력의 중요한 요소이기 때문이다.

그런 점에서 성인을 대상으로 한 평가야말로 PISA의 후속 작업으로 반드시 필요하다. OECD가 진정 관심을 가지는 대상은 학생의 학습 능력이 아니라 노동자(성인)의 학습 능력이기 때문이다.

실제로 OECD는 2013년에 '성인 문해력 평가(PIAAC, Programme for the International Assessment of Adult Competencies)'를 실시하였다.

2013년은 PISA와 관련하여 중요한 의미를 가진다. PISA 2000에서 2009까지의 참가자들이 모두 적어도 20대에 도달하게 된 시점이기 때문이다. 따라서 2013년은 PISA의 조사 대상이 된 학생들의 학습 능력이 성인이 되어서도 그대로 발현되었는지 확인할 수 있는 중요한 시점이다.

PISA가 역량평가인데 비해 PIAAC은 기능평가를 표방하고 있다. PISA는 이제 막 공교육을 마친 만 15세를 대상으로 하기 때문에 앞으로 유능해질 가능성, 즉 역량을 평가하지만 PIAAC은 이미 직장에서 일해야 하는 그리고 소득을 얻어서 이를 소비해야 하는 성인을 대상으로 한다. 따라서 생산성을 높이고 소비시장을 넓힐 수 있는 기능을 얼마나 갖추었는지를 평가하는 것이다.

PIAAC은 읽기 문해력, 수리 능력, 그리고 기술적 문제해결 능력 등 세 가지 영역에서 치러졌다. 이 세 가지가 21세기를 살아갈 때 필요한 핵심적인 기능이기 때문이다. 다양한 사회적 상황, 직업 상황에서 성인들은 이 기능을 바탕으로 노동 시장, 교육과 훈련, 그리고 사회생활에 참여할 수 있다. 수학 소양이 아니라 '수리 능력', 과학 소양이 아니라 '기술적 문제해결 능력'이라는 것은 그만큼 이 평가가 교과보다는 실생활(노동과 소비)에서 발휘되는 문해력을 강조하고 있음을 보여준다. 이 세 영역에서의 평가와 더불어 참가자들은 직무환경에 대한 설문조사에도 응답하게 되는데, 여기에는 작업장에서 얼마나 자율성을 가지고 일하는지, 자신이 업무상 필요한 기능과 자격을 갖추고 있다고 생각하는지 등의 질문이 포함되어 있다.

성인 문해력 평가가 실시된 배경에는 PISA와 마찬가지로 OECD의 핵심역량, 그리고 그들이 강조하는 패러다임 전환이 있다. OECD는 21세기 경제를 자본이 아닌 지식의 경제라고 공식화하였다. 창조적인 아이디어와 혁신은 연구실이 아니라 일상 구석구석의 사소한 것들로부터 나온다. 그리고 거기서 출발한 지식은 활발한 상호작용과 소통, 이른바 집단지성을 통해 창출된다. 이렇게 일과 생활 전반에 걸쳐 구현되는 다양한 능력은 선천적인 것이 아니라 교육의 결과다. 따라서 교육은 단지 교육 자체에 그치는 것이 아니라 그 나라의 가장 중요한 생산력의 원천을 만들어내는 것이며, 학교는 산업사회 시절의 광산이나 유전만큼이나 중요한 자원의 보고인 것이다.

OECD는 국민들이 얼마나 많은 기술·기능을 획득했는가가 그 나라 경제와 삶의 수준을 결정할 것이라고 전망했다. 심지어 이것이 민주주의와 사회 통합에도 필수적이라고 진단했다.

적절한 기능을 갖추지 못한 사람들은 일자리를 구하기 어렵고, 사회에 필요한 역할을 수행하기도 쉽지 않다. 그렇게 되면 사회의 가장자리에 머무를 가능성이 크다. 이는 기능이 떨어지는 사람들을 점점 사회의 구석에 남겨두는 결과를 가져온다. 사회가 발전함에도 불구하고 이들은 버려지는 것이다. 사회 가장자리에 머무르는 집단의 규모가 큰 나라에서 제대로 된 정치와 통합이 이루어질 가능성은 높지 않다. 이미 역사는 사회의 변두리로 몰리는 사람들의 규모가 커지면 혁명이 아니라 파시즘이 발생한다는 사실을 냉혹하게 경고한 바 있다.

게다가 오늘날 정부나 사회의 다양한 기관이 어떻게 돌아가는지는 과거에 비해 매우 다양한 플랫폼을 통해 알려지고 있다. 특히 신문, 방송 등 통제가 용이한 기존 매체보다 인터넷과 소셜네트워크서비스(SNS)를 통해 유통되는 정보의 중요성이 매우 높아졌다. 신문이나 방송은 정보를 공급하는 쪽과 소비하는 쪽이 명확한 일방향 매체이지만, SNS는 공급자와 소비자의 경계가 모호한 양방향 매체다. 부지런한 사람일수록 더 많은 정보를 얻고 또 생산한다.

여기에서 정보와 디지털기기를 다루는 능력에 따라 획득할 수 있는 정보의 질과 양에는 엄청난 차이가 발생한다. 이 정보가 만약 공공 문제, 공공의 쟁점과 관련되는 것이라면 이는 시민성의 격차를 야기한다. 디지털 문맹률이 낮고, 국민들이 필요한 정보를 제대로 활용할 줄 아는 국가는 그만큼 높은 시민성을 가진 국민들에 의해 통제되며, 이는 그 나라의 정치적 의사결정에도 영향을 준다.

지식정보사회로의 전환은 노동 시장에서도 감지된다. 지난 50년 동안 반복적인 일을 하는 일자리, 그리고 손을 사용하는 일자리는 꾸준히 줄어들었다. 1970년대만 해도 단순 육체노동, 단순 사무노동이 일자리에서 가장 높은 비율을 차지하고 있었지만, 1980년대부터 이런 종류의 일자리는 급격하게 줄어들었다. 특히 단순 사무직이 가파르게 감소했는데, 이는 컴퓨터의 등장과 무관하지 않다. 반면 해석과 분석이 필요한 일, 즉 단순·반복적인 노동의 범주에 해당되지 않는 일자리는 큰 폭으로 증가하였다. 반복적이지 않다는 것은 계속 새로운 과제를 해결해야 한다는 의미이며, 해석과 분석은 결국 정보를 접하고 이해하는 능력, 다시 말해 문해력이 발휘되는 일자리라는 뜻이다. 문해력이 높다는 것은 단지 공부를 잘한다는 것이 아니라 그 자체가 이미 가장 중요한 노동력인 '학습 능력'을 갖추었다는 의미다.

기존의 일자리들은 점점 정보의 분석과 해석, 소통이 필요한 일자리로 대체되고 있다. 이런 일자리에는 문해력, 수리력, 그리고 정보통신기술을 활용하여 문제를 해결할 수 있는 능력이 필수적으로 요구된다. 이른바 이런 '핵심역량'을 갖춘 사람은 일자리를 얻을 가능성이 더 클 뿐 아니라 더 높은 소득을 올릴 것이며, 그렇지 못한 사람은 일자리를 잃고 사회의 주변부로 밀려날 가능성이 높다.

일자리뿐이 아니다. 삶의 거의 모든 영역에서 정보통신기술의 사용은 필수적이다. 업무뿐 아니라 일상생활에서조차 점점 더 지적인 활동이 중요해지고 있다. 전자제품을 비롯해 우리가 일상생활에서 사용하는 물건들은 기술이 발달하면서 그 사용법도 더욱 복잡해졌다. 사용설명서를 보고 사용방법을 이해할 수 없는 사람은 생필품을 사용하는 간단한 문제에서도 곤란을 겪을 수 있다. 문해력과 수리력, 정보처리 능력이 빈약하면 노동자는커녕 소비자도 되기 어려워진 것이다.

특히 일상생활에서 스마트폰 같은 정보통신기기의 사용이 늘면서, 이런 디지털 격차는 더욱 벌어졌다. 이런 상황에서 벗어나기 위해서는 추가적인 교육과 훈련이 필요하지만, 그것마저 쉽지 않다. 교육과 훈련 자체가 인터넷, 컴퓨터 등 정보통신기술을 통해 알려지기 때문이다.

또한 지식정보사회에서 낙오된 사람들에게는 오늘날 민주주의에서 요구되는 능동적인 시민 참여를 기대하기도 어렵다. 오늘날에는 정부가 무슨 일을 어떻게 하는지, 사회에서 어떤 쟁점이 이슈가 되는지에 대한 정보가 인터넷 커뮤니티나 SNS 등에서 활발하게 펼쳐진다. 게다가 사회가 복잡해질수록 이런 문제에 관한 정보 역시 복잡하고 다양한 형태의 텍스트로 나타난다. 그렇기 때문에 이런 자료들을 해석할 수 있는 능력이 부족하면 공공 토론에도 정상적으로 참여하기 어렵다. 이 경우 사람들은 합리적인 절차나 이성적인 대화를 거치지 않고 집단 폭행이나 테러 같은 폭력적인 방식으로 자신의 목소리를 내기 쉽다.

미국 사회는 이미 1997년 백인우월주의 집단의 폭력과 테러로 골머리를 앓은 바 있다. 특히 이들 가운데는 고등학교를 제대로 졸업하지 못한 청년들 혹은 일자리를 잡지 못한 저학력 중년 세대가 다수 포함되어 있었음이 밝혀지기도 했다.

우리나라의 경우 정보통신기기에 익숙하지 않고 문해력도 떨어지는 고령층이 문제다. 이들은 정보에 접근하기도 어렵고, 접근했다 하더라도 이를 이해하기 어렵다. 따라서 자신의 선입견에 기대어 판단하거나, 가장 손쉽게 접근할 수 있는 정보(이른바 조중동 혹은 종편)에만 의존하여 문제를 바라보게 된다. 게다가 이들은 텍스트를 비판적으로 평가하는 능력마저 떨어지기 때문에 편향적이고 선정적인 정보라 할지라도 무비판적으로 받아들이기 쉽다.

이렇게 디지털 격차가 극심해진 결과, 뛰어난 문해력과 정보 활용력을 갖춘 청년 세대와 그렇지 못한 노년 세대 간의 인식 차이는 점점 더 크게 벌어졌다. 선거철만 되면 세대 간 투표 성향이 극명하게 갈리는 것도 같은 맥락이다. 특히 2030 세대가 진보 정당과 그 후보를 지지하는 것보다 5060 세대가 보수 정당과 그 후보를 더욱 강력하고 견고하게 지지하는 경향을 보인다.

이렇게 민간과 공공 영역 모두에서 지식과 정보가 고도로 중요해진 시대에 성인의 문해력 수준이 떨어지는 나라는 생산력이 부족할 뿐 아니라 생산된 상품을 소비할 시장도 작아진다. 나아가 그를 개선할 수 있는 가능성에도 제약이 생기고 이는 민주주의에 대한 위협이 되기도 한다. 기술의 진보가 공공의 이익으로 이어지지 않고, 복잡해지는 세계에 적응하기도 어려워진다.

물론 PIAAC이 민주주의가 걱정되어 실시된 것은 아니다. OECD가 경제기구인 만큼 PIAAC의 1차적 관심사는 노동자들의 상태를 진단하는 것이다. 이른바 지식정보사회에서는 노동력의 양이 아니라 질이, 그리고 표준화된 최소한의 기능이 아니라 다양한 상황에서 계속 지식을 창출해 낼 수 있는 창조성이 중요하다. 따라서 지속적인 경제 성장을 위한 정책을 세우려면 지금 노동 시장에서 노동력이 어느 정도 수준인지 파악할 필요가 있다. 그래야 무엇이 얼마나 부족한지를 파악하고 이를 바탕으로 성인의 노동력을 제고하고 생산성을 끌어올릴 정책을 수립할 수 있기 때문이다.

이런 배경을 상기하며 문해력, 수리력, 기술을 활용한 문제해결력 등 PIAAC의 세 영역을 구체적으로 살펴보자.

**문해력**

텍스트를 이해하고, 평가한 뒤 이를 활용할 수 있는 능력이다. 문해력은 단순히 단어와 문장을 해독하는 것을 넘어 복잡한 텍스트를 읽고 그를 해석하고 평가하는 능력까지 모두 아우른다(단, 텍스트의 생산(작문)은 이 능력에 포함되지 않는다).

**수리력**

생활하는 데 필요한 다양한 수학적 문제를 해결하기 위해 수학적 정보와 생각에 접근하여 그것을 사용하고, 해석하고, 다른 사람들과 그에 관해 소통할 수 있는 능력이다.

**기술을 활용한 문제해결력**

디지털기술을 활용하여 정보를 얻거나 평가하고, 다른 사람들과 소통하며 실질적인 업무를 수행할 수 있는 능력이다. PIAAC에서는 정보통신기술을 활용하여 자신의 문제를 해결할 뿐 아니라 공공 문제에 접근하여 참여하는 능력까지 평가하고 있다.

이 세 가지 영역을 평가한 결과는 등급별로 다음과 같이 정의된다.

**5등급**(376점 이상)

다양한 분야를 아우르는 어려운 텍스트에서 정보를 찾고 축적할 수 있다. 또한 텍스트에서 핵심 아이디어를 추려내고 분류하고 재구성할 수 있으며 증거와 논증에 기반하여 평가할 수 있다. 이들은 논리적이고 개념적인 모형을 수립할 수 있으며, 텍스트에서 핵심 정보를 추출하고 객관적으로 그 신뢰도와 타당성을 평가할 수 있다.

**4등급**(326점 이상)

복잡하거나 긴 텍스트에서 여러 단계에 걸쳐 체계적으로 정보를 조합, 해석, 축적할 수 있다. 텍스트의 배경에 깔린 주장을 해석하거나 평가할 수 있으며, 이를 적용하여 복잡한 추론이나 설득을 할 수 있다.

**3등급**(276점 이상)

여러 페이지에 걸친 비교적 난해하고 긴 문장을 읽고 이해할 수 있다. 텍스트의 구조를 이해하고 여기에 구사한 수사법을 간파하고 해석할 수 있으며 여기서 정보를 얻고 해석하여 적절한 추론을 할 수 있다.

**2등급**(226점 이상)

둘 이상의 정보를 통합할 수 있고, 비교·대조하거나 간단한 추리나 추론을 할 수 있다. 정보에 접근하고, 필요한 정보를 식별하기 위해 다양한 디지털 텍스트를 검토할 수 있다.

**1등급**(176점 이상)

상대적으로 짧은 텍스트를 읽고 약간의 정보를 얻을 수 있는데, 대체로 그 정보는 텍스트에서 명시적으로 주어졌거나 명확하고 단순한 것들이다. 이 텍스트에서 명시적 정보 외의 다른 정보는 거의 다뤄지지 않는다. 이 수준의 성인들은 단순한 문서 서식을 완성할 수 있고, 기본적인 단어나 문장을 이해하고 읽을 수 있다.

**1등급 미만**(176점 미만)

간단하고 친숙한 텍스트를 읽거나, 텍스트 안에 이미 명시적으로 주어진 정보만 획득할 수 있다. 문장이나 문단의 구조를 이해할 수 없고 기본적인 단어들로 이루어진 텍스트여야만 이해할 수 있다. 이 수준의 성인들은 어떤 형태의 디지털 텍스트도 제대로 사용하지 못한다.

그렇다면 문해력이 실제 고용, 소득 등에 영향을 주었을까? 다음 그래프는 문해력이 4~5등급 수준인 성인이 1등급 이하의 성인보다 얼마나 더 유리한 위치에 있는지를 보여준다.

PIAAC은 임금, 정치 효능감, 봉사활동 참여도, 자기 신뢰, 취업률, 건강 등 영역별로 데이터를 분석하였다. 그 가운데 가장 큰 격차를 보인 것은 임금으로, 1등급과 4~5등급 사이에 약 2.9배의 차이를 보였다. 취업률은 2배 이상이었으며, 특히 봉사활동 참여율은 2.5배나 높아서 이들은 시민으로서도 더 우수한 것으로 나타났고, 심지어 더 건강하기까지 했다.

문해력과 사회경제적 성취 간의 상관관계

| 높은 임금 | 높은 정치 효능감 | 봉사활동 참여도 | 높은 신뢰도 | 취업율 | 건강 |
|---|---|---|---|---|---|
| 2.9 | 2.6 | 2.5 | 2.3 | 2.2 | 2.1 |

물론 이 결과는 OECD 전체 평균이기 때문에 각 나라별로 다른 결과가 나타날 수도 있다. 또 문해력과 사회경제적 지위 간의 선후관계, 즉 높은 문해력 수준이 높은 취업률과 고소득을 가능하게 한 것인지 아니면 거꾸로 소득이 높기 때문에 높은 문해력을 갖출 수 있는 기회가 더 많았는지에 대해서도 좀 더 따져봐야 한다. 하지만 높은 소득을

올릴 수 있는 자리가 세습이 아니라 능력에 의해 주어지는 사회라면 문해력이 고소득의 원인이라는 설명이 좀 더 타당하다.

다음은 수리력이다. 수리력 역시 문해력과 마찬가지로 5등급에서 1등급 미만까지 분포한다. 각 등급의 능력은 다음과 같다.

### 5등급(376점 이상)

5등급에 해당되는 성인들은 복잡한 텍스트에 숨어 있는 수학적·통계학적 관념들을 추출하여 이해할 수 있다. 또 번역이나 해석이 요구되는 복잡한 상황에서 여러 유형의 정보들을 끌어내어 하나로 통합할 수 있다. 뿐만 아니라 이러한 통합을 바탕으로 다이어그램 같은 도표를 작성하고, 수학적 증명을 수행하고, 수학적 모형을 세울 수 있다. 그리고 이 과정을 비판적으로 성찰하고 평가하고 정당화할 수 있다.

한마디로 이 수준의 성인들은 복잡한 생활 속에서 다양한 수학적 지식을 활용하여 모델이나 가설을 수립하고 이를 논리적으로 추론하며 증명할 수 있는 사람들이다. 수리력이 5등급인 성인들은 실제로 수학을 활용하는 수준을 넘어 수학자나 경제학자 혹은 물리학자 수준의 수학을 구사할 수 있는 사람들이다.

### 4등급(362점 이상)

다양한 맥락 속에 포함되어 있는 복잡하고 추상적인 수학적 정보를 이해할 수 있다. 이 다양한 맥락 중에는 일상에서 흔히 접하기 어려운 상황도 포함되어 있다. 또 여러 단계에 걸쳐 순차적으로 진행되어야 하는 과제를 수학적 정보와 기능을 활용하여 수행할 수 있다. 이 과정에서 문제해결을 위한 적절한 전략과 방법을 수립할 수 있다. 양적, 확률적, 통계적, 공간적 관계를 파악하고, 수식에 대한 복잡한 추론 과정에 참여하고 분석할 수 있다. 수학적 문제와 그 해답에 대해 논쟁하고 대화할 수 있으며 논리 정연한 설명을 할 수 있다. 4등급의 성인들은 비유하자면 수학의 숙련공이라고 할 수 있다. 이들은 새로운 수학적 모형을 세우거나 이를 비판적으로 검토할 수준은 아니지만, 다양한 영역에서 수학적 해결방안을 모색하고 수학적 방법을 활용하여 문제해결 전략을 세울 수 있는 사람들이다. 이 정도 수준의 성인이라면 수학이나 통계학을 응용하는 분야에서 무리 없이 일할 수 있다.

## 3등급(267점 이상)

OECD 평균이 대체로 3등급에 해당한다. 이 등급에 속한 사람들은 익숙하지 않은 복잡한 맥락이어도 수학적 정보가 명시적으로 표현돼 있다면 그를 이해할 수 있다. 명시적이라 함은 표현방식이 수식, 다이어그램과 같이 수학 정보임이 분명하게 드러나 있다는 의미다. 3등급인 성인들은 이러한 정보를 이용하여 몇 단계의 과제를 수행할 수 있다. 그 과정에서 문제를 해결하는 데 필요한 전략과 방법을 선택할 수 있다(수립할 수 있다가 아님). 수와 공간에 대한 감각이 있으며 수학적 관계, 패턴, 비율을 인지하고 다룰 수 있다. 텍스트, 도표, 그래프에 나타나는 기초적인 통계 자료를 해석하고 수행할 수 있다.

이 등급에 해당되는 성인들은 비유하자면 수학의 소비자들이다. 4~5등급에 해당되는 성인들은 일상생활이나 업무의 다양한 영역에서 수학적 요소와 원리를 발견하여 이를 설명하거나 모형을 세울 수 있는 사람들이라면, 3등급의 성인들은 수학적으로 표현된 자료를 필요에 따라 선택하고 활용하여 문제를 해결할 수 있는 사람들이다.

이들은 대부분의 지식노동자들에게 요구되는 능력을 갖춘 사람들이다. 또한 이들은 지식정보사회의 시민으로서 기본 소양을 갖춘 사람들이다. 민주 시민은 공공 쟁점에 관심을 가지고 참여하는 사람들이지만, 오늘날의 공공 쟁점과 그것에 대한 토론 자료들은 대체로 다양한 수학적 형태로 표현된 것들이 많다. 따라서 3등급 수준은 되어야 공공 토론에 능동적으로 참여할 수 있다.

### 2등급(226점 이상)

익숙한 상황에서 수학적 내용이 명시적이고 혼란스럽지 않은 형태로 주어졌을 때 과제를 수행할 수 있다. 2~3단계의 과정을 거치는 수학적 과제를 수행할 수 있다. 기호를 사용하는 각종 연산, 비례식, 간단한 측정과 공간적인 계산, 상대적으로 단순한 통계 자료와 도표, 그래프 등이 여기에 해당된다.

한마디로 이 수준의 성인들은 한눈에 수학으로 보이며 그 해결 과정이 복잡하지 않은 과제를 해결할 수 있는 사람들이다. 비유하자면 동료들끼리 수익금을 나눌 때 비례식이나 방정식을 세운다거나, 도형의 성질을 이용하여 땅의 면적과 비례를 계산할 수 있는 사람들이다.

### 1등급(176점 이상)

텍스트나 다른 자료 없이 처음부터 수학적인 형태로 제시된 문제를 해결할 수 있다. 또한 이들은 한 단계의 간단한 문제만을 해결할 수 있다. 한마디로 간단한 수학 문제집을 풀 수 있지만, 응용문제는 제대로 다루지 못하는 수준이라고 할 수 있다.

### 1등급 미만(176점 미만)

수학적 개념이나 원리를 활용할 수 없고, 사칙연산이나 겨우 하거나 그 조차도 되지 않는 수준이다.

다음은 기술을 활용한 문제해결 능력이다. 이는 디지털 도구와 네트워크를 활용하여 정보를 획득하고, 평가하고, 다른 사람과 상호작용하며 과제를 수행하는 능력이다.

개인적으로, 업무에서, 시민사회에서 문제를 해결하기 위해서는 정보통신기기와 네트워크를 활용하여 필요한 정보를 얻고 활용할 줄 알아야 한다. 여기에는 키보드, 마우스, 모니터와 같은 ICT 입력장치,

파일 관리도구 및 각종 어플리케이션과 그래픽 인터페이스를 사용하는 능력이 가장 기본적으로 요구된다. 하지만 어디까지나 이 평가의 목적은 기기를 얼마나 잘 활용하는지 측정하겠다는 게 아니라, 그것을 활용해 정보에 접근하고, 정보를 활용하고 평가하고 분석함으로써 문제를 해결할 수 있는지 알고자 함이다.

그런데 실제로 이런 능력이 갖춰지지 않으면 이 영역에 대해서는 아예 평가가 불가능하다. 따라서 기술을 활용한 문제해결 능력에서는 미응답자를 최하위권으로 간주한다. 또 평가를 위해서는 정보통신기술이 충분히 발달해 있고, 그런 기기가 보급되어 있어야 하므로 문해력, 수리력처럼 OECD 모든 나라를 대상으로 실시되지는 못하고 다만 16개국만을 대상으로 실시되었다. 이 평가는 앞의 두 영역보다 적은 3개 등급으로 나뉜다.

**3등급**(341점 이상)
이 단계의 성인들은 다양한 기술적 응용이 필요하고, 여러 단계와 난관이 있는 낯선 환경에서 새로운 기술을 적용해야 하는 과제를 완수할 수 있다. 이들은 특정한 하나의 기술이 아니라 상황에 따라 여러 종류의 기술을 자유로이 구사함으로써 예기치 않은 결과나 막다른 길에 도달하더라도 문제를 해결할 수 있다. 또한 이들은 낯선 환경에 직면하면 새로운 기술이나 이론을 만들어 낼 수도 있다. 낯선 무인도에서 자신이 알고 있는 여러 분야의 기술을 총동원하여 생존의 터전을 마련하고, 여기에 각종 새로운 기술까지 고안했던 로빈슨 크루소가 여기에 해당될 것이다.

### 2등급(291점 이상)

이 단계의 성인들은 성공, 실패가 명확하게 구별되는 명시적인 문제를 해결할 수 있다. 이런 문제들을 해결하기 위해 필요한 기술은 비교적 분명하기 때문에 많은 응용이 필요치 않고, 해결 단계도 그리 복잡하지 않다. 이들은 문제를 해결하는 과정을 스스로 점검할 수 있으며, 예기치 못한 결과나 난관에 부딪혀도 이를 해결할 수 있다. 다만 3등급의 성인과 달리 새로운 기술이나 이론을 추가할 수 있는 능력은 없고, 있는 기술들을 활용할 뿐이다.

### 1등급(241점 이상)

이 수준의 성인들은 익숙한 환경에서 과제가 명시적으로 주어지고, 그를 해결하는 데 필요한 기술이 분명히 제시된 단순한 문제를 해결할 수 있다. 즉 주어진 매뉴얼이나 설계도를 보고 과제를 해결할 수 있는 수준이다. 따라서 이들은 문제해결 과정을 매뉴얼, 설계도의 범위 내에서만 모니터할 수 있다.

### 1등급 미만(241점 미만)

1등급 미만의 성인들은 사실상 기술을 이용한 능동적인 문제해결이 불가능한 수준이다. 워드 프로세서를 이용하여 문서를 작성하는 등, 주어진 사용법에 따라 명시적인 문제를 해결하는 것이 이들의 최대 능력치다.


## 중간에도 못 미치는 문해력, 세대 간 격차는 세계 최대

이제 평가 결과를 살펴보자. 먼저 성인 문해력이다. 성인 문해력 검사에서 1위를 차지한 나라는 일본이고, 2위는 핀란드였다. 특히 일본은 2위인 핀란드와 8점이라는 큰 격차를 보여주면서 성인들이 가장 공부를 잘 하는 나라로 나타났다. 그 밖에 네덜란드, 오스트리아, 스웨덴, 노르웨이 등이 상위권을 차지했다. 눈에 띄는 것은 핀란드를 제외하면 이들 나라가 PISA에서는 그다지 두각을 나타내지 않던 나라들이라는 점이다. 즉 학생들은 보통 수준이었지만 어른들은 우수하다는 의미이며, 학교를 졸업한 다음에도 계속적인 학습이 이루어지고 있다는 뜻이다(물론 성인 문해력 평가에는 PISA에서 상위권을 휩쓸던 싱가포르, 홍콩, 대만, 마카오 등이 참가하지 않았기 때문에 이것이 완전한 순위라고 보기는 어렵다).

성인 문해력 평가의 국가별 랭킹

| 순위 | 국가 | 평균 |
|------|------|------|
| 1 | 일본 | 296 |
| 2 | 핀란드 | 288 |
| 3 | 네덜란드 | 284 |
| 4 | 호주 | 280 |
| 5 | 스웨덴 | 279 |
| 6 | 노르웨이 | 278 |
| 7 | 에스토니아 | 276 |
| 8 | 플랑드르 | 275 |
| 9~10 | 체코 | 274 |
|  | 슬로바키아 | 274 |
|  | 캐나다 | 273 |
| - | OECD | 273 |

문제는 우리나라다. 우리나라는 OECD 평균인 273점을 득점하는 데 그쳤다. 문자 그대로 딱 중간이다. 홍콩, 싱가포르, 대만 등 비회원국까지 포함해도 PISA에서 한 번도 5위권 밖으로 나가 본 적이 없는 우리나라가 성인 평가에서는 딱 중간 수준밖에 안 되는 것이다. 더구

나 그 평균은 최하등급을 겨우 면한 2등급이다. 웹 탐색을 통해 인터넷 문서를 읽을 수 있고, 둘 이상의 정보를 비교·대조하는 정도가 우리나라 성인의 평균인 것이다. 이는 주어진 자료들을 분석하여 논리적 추론까지 가능한 일본 성인들의 평균과는 질적으로 다르다. 우리나라 성인들은 주어진 자료를 이해하는 정도까지가 고작이지만 일본 성인들은 이를 바탕으로 토론까지 가능한 수준인 것이다. 이것은 그대로 민주시민성과도 직결되는 중대한 차이다.

그렇다면 평균은 그렇다 치고, 우리나라에 토론이 가능한 수준인 3등급 이상 성인의 비율은 어느 정도 될까? 설사 평균이 낮다 할지라도 3등급 이상의 성인이 많다면 불행 중 다행일 것이다.

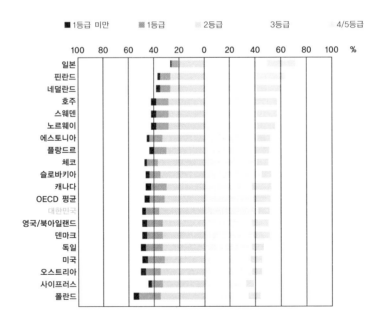

16~65세 성인의 문해력 등급 분포

왼쪽의 그래프는 PIAAC에서 3등급 이상 비율이 높은 나라를 차례로 표시한 것이다. PISA에서 높은 점수를 받았던 일본, 핀란드, 네덜란드, 호주가 여기서도 여전히 강세를 보이고 있다. 특히 일본의 성취도가 압도적이다. 일본 성인들은 70%에 가까운 참가자가 3등급 이상으로 세계에서 가장 우수한 것으로 나타났다. 3등급 이상 성인의 비율이 50% 정도에 불과한 OECD 평균과 비교하면 엄청난 격차다.

우리나라는 어떨까? OECD 평균에 미달하여 3등급 이상이 50%에 조금 못 미친다. 전체 평균뿐 아니라, 3등급 이상의 비율도 중간보다 조금 떨어지는 것이다. 한국을 교육에서 성공한 나라, 교육의 성공을 경제 성장으로 연결시킨 나라의 대표적 사례로 간주해 온 전문가들을 몹시 당황하게 만드는 결과다. 학생들이 PISA에서 그토록 뛰어난 성과를 거둔 나라에서 이런 결과는 참으로 이해하기 어렵다. 세계에서 가장 가혹한 학습 노동에 시달리는 학생들과 세계에서 가장 공부 안 하는 성인들이 공존하는 기형적인 곳이 우리나라다.

우리나라 사람들은 이런 현상을 경험에 비추어 매우 쉽게 설명할 수 있을 것이다. 지금 당장 상상 실험을 해 보면 된다. 이 책을 읽고 있는 독자들은 스스로의 경험을 떠올려보자. 중고등학교 때 배운 것, 특히 국영수 시간에 배운 것이 과연 머릿속에 남아 있는가? 그때 학습한 내용을 50% 이상 기억하고 써먹는 사람은 거의 없을 것이다. 우리나라에서 공부란 시험이 끝나고 나면 더 이상 쓸 일이 없는 지식을 머릿속에 억지로 집어넣는 것이지, 학교를 졸업하고 나서도 계속 하는 것이 아니다. 우리나라에서 학생시절이 끝나고 성인이 된다는 것은 더 이상 공부하지 않아도 된다는 뜻으로 통한다. 성인 평균 독서량에서 OECD 꼴지를 달리는 상황 역시 이와 맥을 같이 한다. 독서는 다른 활동에 비해 문해력이 더 많이 요구된다는 점에서 이런 통계는 중요한 의미를 지닌다. 특히 PIAAC에서 1위를 차지한 일본과 우리나라는 도서시장 규모에서도 엄청난 차이를 보였다. 2013년 한국출판연구소의 조사에 따르면 한국인이 책을 10권 살 동안 일본인은 35권 산다고 한다.

이런 결과가 정말 학업이 끝나면 공부도 끝나서인지 알아보기 위해 아직 학교에 다닐 가능성이 높은 16~24세의 젊은 성인들만 따로 순위를 확인해 보았다.

16~24세 성인의 평균 문해력 점수

| 순위 | 국가 | 평균 |
|------|------|------|
| 1 | 일본 | 299 |
| 2 | 핀란드 | 297 |
| 3 | 네덜란드 | 295 |
| 4 | 대한민국 | 293 |
| 5 | 에스토니아 | 287 |
| 6 | 플랑드르 | 285 |
| 7 | 호주 | 284 |
| 8 | 스웨덴 | 283 |
| 9~10 | 폴란드 | 281 |
| | 체코 | 281 |
| 11 | 독일 | 279 |
| 12 | 오스트리아 | 278 |
| – | OECD | 280 |

1위는 역시 일본이었으며, 2위 핀란드, 3위 네덜란드 순은 그대로 유지되었다. 그런데 중하위권에 머물렀던 우리나라가 16~24세로 범위를 한정하자 평균이 무려 20점이나 높아지면서 단숨에 4위로 올라섰다. OECD 전체를 살펴보면 16~24세의 젊은 성인은 25세 이상 성인보다 7점 높으며, 일본의 경우는 3점 높을 뿐이다. 그렇다면 20점이라는 우리나라의 차이는 실로 엄청난 차이다. 결국 우리나라 성인 문해력 평가 순위가 OECD 평균 이하로 뚝 떨어진 까닭은 25세 이상의 성인들 때문이며, 학교 문을 나서는 동시에 학습도 끝나는 것을 당연하게 여기는 탓이라고 볼 수 있다.

학교에서는 열심히 공부하던 한국인들이 학교만 졸업하면 책을 손에서 놓아버리는 까닭은 무엇일까? 직장에서 학습보다는 인맥과 요령으로 승부하기 때문일까? 이 자료만 가지고는 단정하기 어렵다. 무엇보다 25세 이상의 성인들도 모두 동일한 집단은 아니라는 점을 감안해야 한다. 지금 우리나라의 20~30대는 70%가 대학교육을 받은 세대지만, 60대 이상은 대학은커녕 고등학교를 나온 사람도 70%가 안 된다. 또 그 사이에 낀 40~50대는 40% 정도만이 대학교육을 받았다. 이렇게 같은 성인이라고 해도 세대 간의 교육 격차가 매우 클 뿐 아니라 살아온 사회의 성격도 다르다. 60대 이상은 빈곤 국가에서, 40~50대는 개발도상국에서 성장했다. 다른 선진국들과 비슷한 조건에서 성장하고 학교에 다닌 세대는 20~30대뿐이다. 따라서 2030세대를 기준으로 문해력 격차가 비정상적으로 벌어지는 현상을 단지 어른이 되면 아무것도 배우지 않는 풍토 때문이라고 하기는 어렵다. 이런 가설이 입증되려면 적어도 PISA 2000의 대상자들이 40대에 진입하는 2025년 정도에 문해력 검사를 다시 실시해 보아야 한다.

그런데 25세 이상 인구 중에서 55세 이상의 노령층 인구만 따로 떼어 조사한 결과는 더욱 놀랍다. 우리나라 55세 이상 노령층의 문해력 평균은 244점에 불과하다. 이 244점이라는 점수가 얼마나 심각한 수준이냐 하면 글을 성찰적으로 읽을 수 없는, 이를테면 자기들에 대해 기술하고 있는 글을 읽고도 그게 자기 이야기인지 알 수 없는 수준이다.

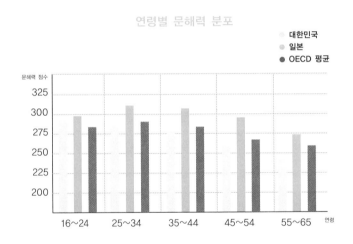

연령별 문해력 분포

반면 대부분의 OECD 국가는 노인과 젊은이 간의 격차가 거의 없거나 있어도 오차범위 정도였다. 이렇게 아예 다른 나라 사람이라고 봐야 할 정도로 차이가 나는 경우는 드물다. 그래프에는 표시되지 않았지만 영국과 비교해 보면 영국은 젊은이와 노인이 모두 265점 언저리로 거의 비슷하다. 우리나라에는 영국 청년을 압도하는 스마트한 젊은이와 영국 노인에게 한참 못 미치는 노인이 함께 살고 있는 셈이다.

우리나라에서 세대 갈등이 걸핏하면 이념 갈등으로 비화되는 까닭, 그리고 젊은 세대의 무례함보다는 노인층의 무지함과 난폭함이 자주 부각되는 까닭이 여기에 있다. 흔히 노인들은 젊은이들더러 천지분간 못 한다고 호통을 치지만 적어도 통계 수치는 실제로 천지분간 못 하는 쪽이 노년층임을 웅변하고 있다.

한편 일본의 경우 노인들의 문해력이 우리나라 35∼44세 집단과 비슷한 정도로 높았다. 영국이나 일본의 노인들이 우리나라 노인들보다 기품 있게 보인다는 여행자들의 증언이 많은 경우 우연이 아니었던 것이다. 더욱 놀라운 것은 일본의 경우 16∼24세보다 35∼44세 연령층의 문해력이 더 높고, 45∼54세 연령층이 16∼24세와 동등한 수준이라는 것이다. 이렇게 중장년층의 문해력이 20대를 능가하거나 같은 수준인 나라는 참가국들 중 일본이 유일하다.

이는 같은 고령화사회라도 우리나라와 일본이 다른 길을 갈 수 있다는 점에서 매우 중대한 차이다. 일본은 노인 인구가 늘어나도 정년을 연장한다거나 재취업을 유도하는 등의 방안을 찾을 수 있지만 우리나라에서는 같은 방법이 먹히기 어렵기 때문이다. 더구나 이미 노령층에 들어선 인구의 문해력 수준도 최하위지만 그 바로 아래 연령대인 45∼54세 역시 문해력 수준이 크게 떨어지기 때문에 지식정보 사회에서 도태되는 노령층의 증가는 상당 기간 계속될 가능성이 크다.

## 사회경제적 배경과 문해력

다음은 사회경제적 배경이 성인의 문해력에 미치는 영향을 확인하기 위해 부모의 학력과 자녀의 문해력 사이의 관계를 분석한 것이다.

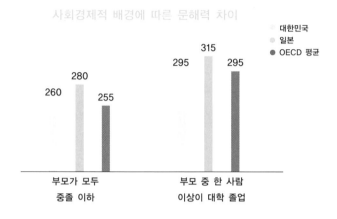

사회경제적 배경에 따른 문해력 차이

우선 우리나라와 일본은 그 폭이 매우 좁은 나라에 속한다. 우리나라의 경우 자녀의 학업에 부모의 교육 수준이 미치는 영향이 다른 나라에 비해 적으며, 일본은 우리보다도 더욱 적어서 별 영향을 주지 않는 것으로 보인다. 물론 동아시아 부모들은 자신의 출신 계층과 무관하게 자녀 교육에 많은 투자를 하는 편이다. 하지만 이를 무작정 동아시아의 교육열로만 해석하는 것은 안이한 분석이다.

일단 우리나라나는 유럽에 비해 보편교육이 잘 이뤄지는 나라에 속한다. 우리나라는 중학교까지 단일학교가 유지되는데, 유럽은 초등학교 고학년 단계에서 벌써 분리형 학제가 적용되는 경우가 많다. 더구나 우리나라는 거의 대부분의 중학생이 일반계 고등학교로 진학하고 있어, 고등학교도 사실상 의무교육이나 다름없다. 특별한 학교는 특목고·자사고를 모두 합쳐도 전체의 10%에 미치지 못하며, 이런 학교들이 부자가 아니면 못 다닐 정도로 매우 비싼 것도 아니고, 가난한 학생들을 위한 문호도 넓다. 따라서 우리나라 학생들은 적어도 18세가 될 때까지는 계층의 영향을 받지 않고 사실상 의무교육을 받는 것이나 다름없다.

이는 유럽에서 우리와 비슷한 단선형 학제를 채택한 노르웨이, 스웨덴, 덴마크가 다른 주변국보다 사회경제적 배경의 영향을 덜 받는 것에서도 확인할 수 있다. 반면 복선형 학제의 원조 격인 독일, 영국, 프랑스는 계층 격차가 문해력에 미치는 영향이 훨씬 컸다. 아무리 계층이 아니라 적성과 소질에 따라 대학 진학과 직업 교육으로 나뉜다고 해도 결과적으로는 그것이 계층에 따라 교육 기회를 박탈하고 차별하는 것임이 드러난 셈이다.

PIAAC이 최초로 시행된 2013년은 PISA 2000이 그랬던 것처럼 세 영역 중 문해력을 좀 더 집중적으로 분석하였다. 그 분석 결과는 수백 쪽에 이르지만 여기서는 중요한 몇 가지만 살펴보도록 하자.

PIAAC은 무엇보다도 경제적 목적을 위한 조사이므로 문해력과 생산성과의 관계를 가장 중요시한다. 다음 그래프가 이를 잘 보여준다. 그래프의 세로축은 시간당 노동생산성을, 가로축은 노동자들이 문해력을 직무에 활용하는 정도를 나타내고 있다. 따라서 오른쪽 위에 있는 국가일수록 단위시간당 생산성도 높고, 그 과정에서 문해력을 활용하는 비율도 높다.

그래프가 전체적으로 보여주는 사실은 노동자들이 작업 중에 읽기 기능을 많이 활용하는 나라일수록 노동생산성도 높다는 것이다. 그래도 각 나라마다 차이가 있기 때문에 추세선을 경계로 문해력과 생산성의 함수관계가 나라별로 어떻게 다른지 비교할 수 있다.

노동생산성과 업무상 문해력 활용 간의 상관관계

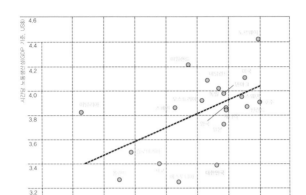

추세선보다 위에 있는 나라는 읽기 기능을 활용하는 정도에 비해 노동생산성이 높은 나라이고, 아래에 있는 나라는 반대로 활용 정도에 비해 노동생산성이 낮은 나라다. 대부분의 나라들은 추세선 근방에 몰려 있어서 노동자들이 작업 중에 읽기 기능을 더 활용하는 만큼 노동생산성도 높다.

하지만 추세선에서 많이 이탈한 몇몇 예외적인 나라가 있다. 노르웨이는 조사 대상국 중 노동생산성과 문해력 활용 정도 모두 가장 높은 나라인 데다가, 노동생산성이 문해력 활용 정도를 훨씬 능가한다.

우리나라도 추세선을 이탈했다. 우리나라 노동자들은 문해력이 대체로 평균 이상인데, 노동생산성은 최하위권을 맴돌고 있다. 이 자료만으로 설명하는 것은 다소 무리가 있지만, 다음과 같은 문제들이 이런 결과를 불러왔을 수 있다.

1. 우리나라 성인들은 직무 수행에서 읽기 기능을 많이 활용하지만, 그것이 생산성에 반영되는 것을 가로막는 저해요인이나 불합리한 관행이 있다. 사실 노동자가 아무리 스마트하게 문해력을 활용하더라도, 철저한 상명하복의 직장 문화에서 그런 능력은 그저 공염불에 불과하다. 젊고 유능한 노동자의 뛰어난 문해력보다 관리자의 독단 혹은 근거 없는 관행이 조직의 의사결정에서 더 중요하게 반영된다면, 문해력은 생산성에 반영되기 어렵다.

2. 읽는 대상이 되는 자료들이 현실을 반영하지 못하거나 오히려 왜곡하고 있다. 아무리 문해력이 뛰어나도 자료 자체가 왜곡된 것이라면 아무 소용이 없다.

3. 노동 시간이 워낙 길어서 생산을 시간으로 나눈 생산성에서는 형편없는 결과가 나온다(즉, 일을 필요 이상으로 더 한다). 노동생산성은 투입된 노동 시간 대비 산출인데, 수확체감의 법칙에 의해 노동 시간을 일정 수준 이상 투입해도 더 이상의 추가산출은 나오지 않는다. 일찍 출근해서 늦게 퇴근하고, 야근을 일상적으로 하는 우리나라의 직장문화는 사실상 한계생산성 0인 상태로 시간만 소비하는 것일 가능성이 크다.

4. 읽기 기능을 생산성에 반영시킬 수 있는 기술이 부족하다.

다음으로 살펴볼 영역은 수리력이다. 흔히 우리나라에서 학생들을 가장 괴롭히는 과목은 수학이며, 가장 많은 시간을 학습하고, 가장 많은 사교육비를 잡아먹는 과목이 수학이라고들 한다. 읽기 영역이야 성인이건 학생이건 독서를 그리 많이 하는 편은 아니기에 그렇다 치더라도 수학은 경우가 다르지 않은가? 수리력만큼은 뛰어난 능력을 발휘할 것이라 기대할 수 있지 않을까?

그러나 막상 PIAAC의 뚜껑을 열자 전혀 다른 결과가 나왔다. 우리나라 성인들의 수리력 평균은 263점으로 OECD 평균인 269점보다 오차범위 이상으로 저조하다. 문해력보다 훨씬 심각한 결과다. 문해력은 그래도 OECD 평균 수준으로 중간은 되었는데, 수리력은 아예 하위권으로 전락하고 만 것이다. 학창시절의 대부분을 수학 공부에 쏟은 결과가 평균 이하의 수리력이라니 납득하기 어려운 결과다.

일본은 수리력에서도 평균 288점으로 최고점을 기록했는데, 이는 2위 핀란드의 282점보다 오차범위 이상으로 높은 독보적인 점수다. 그리고 핀란드, 벨기에, 네덜란드, 노르웨이, 스웨덴, 덴마크 등이 읽기 영역에서와 마찬가지로 상위권에 자리 잡고 있다. 일본과 핀란드를 제외하면 15세를 대상으로 한 PISA에서 그리 두각을 나타내지 못했던 북유럽 국가들이 읽기에 이어 수리에서도 여전히 강세임을 확인할 수 있다.

우수한 성취를 보여준 나라들의 공통점은 성인들도 공부하는 것을 당연하게 여길 정도로 평생학습의 기반이 탄탄한 국가들이라는 점이다. 일본은 1947년에 이미 교육기본법, 학교 교육법, 사회교육법(평생 교육법) 등 교육 3법을 제정할 정도로 평생교육을 교육의 기본축으로 삼아왔고, 고령화사회를 대비하기 위해 1990년부터 지역사회를 중심으로 다각적인 평생학습 시스템을 구축해 왔다. 북유럽 국가의 교육 역시 초중등교육에만 집중하는 다른 나라들과 달리 평생교육을 중심으로 이루어진다. 덴마크의 민중대학과 시민대학, 그리고 스웨덴의 '학습 동아리(study circle)' 등이 대표적이다. 우리나라는 교사들의 학습 동아리조차 국가 지원을 제대로 받지 못하지만, 북유럽에서는 시민들이 자발적으로 학습 모임을 꾸리면 국가가 적극적으로 이를 지원하고 있다. 또 이들 국가에서는 시민단체는 물론 노동조합조차 일종의 교육기관 역할을 한다.

상위권 국가들의 특징을 살펴봤으니, 다시 PIAAC으로 돌아와서 결과를 자세히 살펴보자. PIAAC에서 중요한 것은 점수 1~2점이 아니라 등급이다.

다음 그래프는 수리력 3등급 이상의 비율이 높은 나라부터 차례로 나열한 것이다. 역시 여기서도 일본이 압도적인 1위다. 일본은 성인의 무려 62% 이상이 적어도 3등급 이상인 것으로 나타났다. 이는 55% 이상이 3등급인 핀란드, 스웨덴, 네덜란드, 노르웨이 등을 훨씬 앞선 결과다.

반면 우리나라는 절반 이상이 1~2등급에 몰려 있어 매우 부진한 모습을 보여주고 있다. 문해력과 마찬가지로 우리나라 성인들의 수준이 전반적으로 낮으며, 인재가 부족하다는 사실이 여실히 드러난다.

특히 주목할 부분은 우리나라 성인들은 유난히 2등급에 해당되는 사람들이 많다는 것이다. 사칙연산과 한두 단계의 공식을 소화할 수 있는 수리력을 갖춘 사람은 많지만, 이를 활용하여 일상생활과 업무에서 추론을 할 수 있는 능력을 갖춘 사람은 매우 적다는 의미다.

성인의 수리력 등급 분포

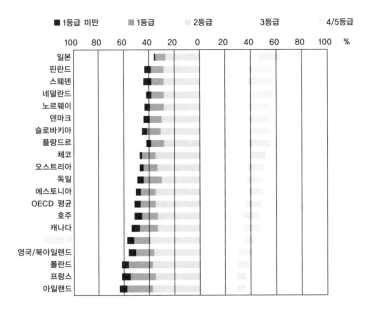

연령에 따른 격차도 문해력과 마찬가지로 매우 크게 나타났다. 16~24세 성인들만을 따로 뽑아 비교해 보면, 우리나라 젊은 성인들의 수리력 점수는 4위로 껑충 뛰어오른다. 네덜란드, 핀란드, 일본은 여전히 상위권을 지키고 있어서 젊은 성인이나 나이 든 성인이나 모두 수리력이 뛰어난 나라로 나타났고, 성인 전체의 평균과 청년층의 평균 차이도 크지 않았다. 심지어 덴마크, 스웨덴, 노르웨이 등은 젊은 성인들이 나이든 성인에 비해 오히려 평균점수가 더 낮은 것으로 나타났다(다만 이것이 이 나라들의 성인교육이 잘 되어 있다는 의미인지, 아니면 의무교육과정에 문제가 있어서 앞으로 수리력이 점점 떨어질 조짐인지는 현재로서 판단하기 어렵다).

한편 우리나라의 결과를 두고 젊은 학생들은 공부를 잘하지만 노인들이 워낙 무지하기 때문에 평균이 낮을 뿐이라고 생각할 수 있다. 그래서 공부 잘하는 학생들만 모아놓으면 세계 어느 나라보다 우수할 거라고 자부할 수도 있다. 하지만 실제 통계 결과는 전혀 그렇지 않다.

16~24세 성인의 평균 수리력 점수

| 순위 | 국가 | 평균 |
|---|---|---|
| 1~2 | 네덜란드 | 285 |
| | 핀란드 | |
| 3~4 | 일본 | 283 |
| | 플랑드르 | |
| 5 | 대한민국 | 281 |
| 6~7 | 오스트리아 | 279 |
| | 에스토니아 | |
| 8~10 | 스웨덴 | 278 |
| | 체코 | |
| | 슬로바키아 | |
| - | OECD | 271 |

최상위 5%에 해당되는 성인들의 점수가 가장 높은 나라는 핀란드이며, 일본, 노르웨이, 덴마크 등이 그다음 그룹을 형성하고 있다. 반면 우리나라 성인들의 수학 상위 5%는 이탈리아와 스페인을 제외하면 OECD 최하위권에 머무르고 있다. 전체 평균은 그냥 하위권이지

만, 최상위권만 놓고 보면 최하위권인 것이다. 우리나라는 그나마 최하위권의 점수가 상대적으로 높아서 전체 참가국에서 중위권에 위치했다고 볼 수 있다. 무슨 말이냐 하면, 젊은 성인들은 전체 평균만 놓고 보면 괜찮아 보이지만 이는 최하위권 점수를 받는 사람들이 거의 없어서지 뛰어난 수리력을 가진 사람들이 많아서 그런 것은 아니라는 뜻이다. 결국 우리나라 성인의 수리력 수준은 OECD 국가들에 비해 상당히 뒤떨어진다고 볼 수 있다.

사실 이는 우리의 경험칙과도 맞아떨어진다. 대부분의 성인들은 중고등학교 시절 배우고 공부했던 것들 중 국어책에 나오던 이야기, 사회책에 나오던 이야기는 제법 기억해낸다. 하지만 중고등학교 시절 그토록 많은 시간 공부했던 수학은 거의 대부분 깡그리 잊어버려, 간단한 사칙연산, 비례식, 방정식 정도만 해결할 수 있는 수준으로 퇴행한다. 또 학교를 졸업한 이후에도 일반적인 문해력이 요구되는 자료나 책은 그런대로 접할 수 있는 반면, 수학적 형식으로 표현된 자료를 접할 기회는 그리 많지 않고, 그나마도 수학과 관련된 특정 분야 종사자에게 제한된다. 그래서 상당한 수준의 지식노동에 종사하는 성인들조차 수학적 형식으로 표현된 문서나 자료 앞에서는 위축될 정도로 수학적(논리적) 사고와 추론에 취약한 경우가 많다.

이는 학창시절 공부 시간의 거의 절반을 수학 공부에 소비했지만, 정작 수학을 공부한 것이 아니라 문제풀이를 연습했기 때문이다. 즉 논리적이고 정량적인 추론을 했던 게 아니라 복잡하게 꼬인 문제만 열심히 풀었던 것이다. 이 문제들은 학생이 풀기 어렵도록 복잡하게 꼬는 것 자체가 목적이기 때문에 당연히 실제 삶과는 거리가 먼 추상적인 것들이었고, 여기에 익숙해지다 보니 수학이 자연의 언어이며 매우 실용적인 학문이라고는 꿈에도 생각하지 않았던 것이다.

최근 수학을 포기한 학생들, 이른바 수포자가 증가하며 성취도와 흥미, 효능감이 모두 떨어지는 등의 문제가 불거지자 교육당국은 이를 해결하기 위해 수학 교육의 난이도를 낮추면서 대신 구체적인 현실세계, 생활과 접목시키는 개혁 방안을 내놓고 있다. 그러나 그동안 각종 입시에서 변별력 과목의 기능을 해 온 수학 과목의 위상과 의미를 다시 생각해 보지 않는 한, 이 개혁은 성공적이지 못할 것이다.

## 정보통신기술, 강국이 아니라 소비 대국

다음은 정보통신기술(ICT)을 활용한 문제해결 능력이다. 흔히 우리나라를 ICT 강국이라고 부른다. 그렇다면 다른 건 몰라도 이것만큼은 우리나라가 월등하지 않을까 기대해 볼 수도 있다. 그러나 결과는 여전히 마찬가지였다.

우리나라 성인들의 ICT 문제해결 능력은 OECD 평균에 미치지 못하는 중하위권이었다. 특히 1등급 이하도 안 되는(컴퓨터 경험이 없거나 ICT 활용 자체에 실패하는) 성인들이 다른 어떤 나라보다도 많은 비율을 차지하고 있었다. 말하자면 최고등급과 중간등급을 합친 만큼이나 많은 성인들이 아예 시험지를 다루지 못해 응시조차 할 수 없다는 뜻이다. ICT 강국은 다만 인프라와 하드웨어가 널리 보급되어서 비롯된 착시 현상일 뿐이었던 것이다. 차가 포르셰라도 길치가 운전하고 있

다면, 그 차는 경운기에 불과하다. 아무리 인프라와 하드웨어가 잘 갖
춰져 있어도 사용자의 수준이 떨어지면 ICT 강국이 아니다.

16~65세 성인의 ICT 문제해결력 등급 분포

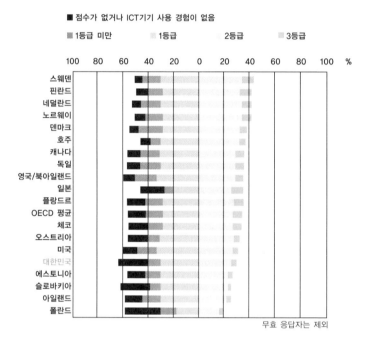

한편 스웨덴, 핀란드, 네덜란드, 노르웨이 등 다른 영역에서 뛰어난
성과를 보여준 나라들은 여전히 ICT 문제해결에도 능해서, 상위권을
차지했다. 눈에 띄는 것은 유독 일본의 순위가 뚝 떨어진 것이다. 일
본의 장기침체가 ICT 혁명에 제대로 대처하지 못했기 때문이라는 말
이 그냥 나온 게 아님을 보여주는 결과다.

젊은 세대는 어떨까? ICT 문제해결력에서는 드디어 우리나라 젊은
이들이 OECD 국가들 가운데 1위를 차지했다. 하지만 아직 안심하기

는 이르다. 우리나라의 높은 성적은 2등급에 해당되는 비율이 다른 어떤 나라보다도 월등하게 높아서 비롯된 결과이기 때문이다. 1등급에 해당되는 젊은이의 비율은 2~5위에 해당하는 핀란드, 네덜란드, 독일 등에 비해 낮다.

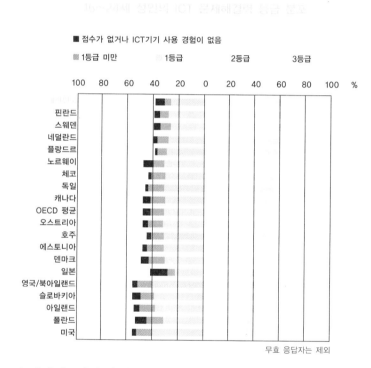

■ 점수가 없거나 ICT기기 사용 경험이 없음

1등급 미만    1등급    2등급    3등급

무효 응답자는 제외

이 결과대로라면 우리나라의 미래는 정보통신기술을 주도하는 생산국이 되기보다는 그것을 앞장서서 따라가는 활발한 ICT 소비국이 될 가능성이 높다. 이런 조짐은 우리나라가 ICT 산업의 가장 역동적인 시장인 동시에 남들보다 신제품 정보에 민감하며 상품을 먼저 구입해 사용하는 얼리어답터의 나라인 반면 개발 분야에서는 그만큼의 성취를 내지 못한다는 사실을 통해 이미 현실로 나타나고 있다.

한편 ICT 문제해결력에서 일본 젊은이들은 예상대로 저조한 결과를 보여주어 미래가 밝지 않은 모습이었다. 특히 일본의 젊은이들은 OECD의 다른 어떤 나라보다도 정보통신기기에 대한 문맹률이 높은 것으로 나타났다.

기술이 빠르게 변화하는 만큼, ICT 문제해결력에서 젊은 세대와 노령층의 격차가 크게 나타났기 때문에 PIAAC은 특별히 세대 간의 격차를 분석하였다.

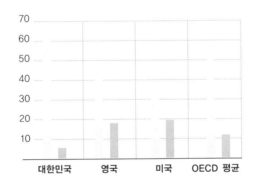

세대 간 ICT 문제해결력 비교    ● 16~24세
● 55~65세

16~24세, 55~65세에서 각각 2~3등급을 받은 성인의 비율

왼쪽의 그래프는 우리나라와 영국, 미국의 젊은 성인과 노인 가운데 2등급 이상을 받은 성인의 비율을 비교한 것이다. 그래프에 표시되지 않은 전체 참가국 결과부터 말하자면, 어느 나라나 가리지 않고 전반적으로 16~24세의 성인들이 월등하게 높은 비율을 보여주었다.

특히 우리나라의 경우 16~24세 연령대의 60% 이상이 2등급 이상인데 비해, 55세 이상의 성인들은 그 비율이 5%에도 미치지 못하고 있어 그 격차가 가장 심각했다. 문해력에서도 세대 간 격차가 매우 큰 나라로 주목을 받았지만, ICT 문제해결력에서는 격차라는 말로도 부족할 정도로 엄청난 차이를 보인 것이다.

한편 미국도 눈에 띄는데, 2등급 이상 젊은이들의 비율은 가장 낮지만 55세 이상 노령층의 2등급 이상 비율은 가장 높다. 세대 간 격차가 그리 크지 않다는 의미다. 하지만 이것이 미국 성인교육의 성공을 뜻하는 것인지 아니면 세계 여러 나라에서 유능한 인재들이 이민 오기 때문에 비롯된 현상인지에 대해서는 추가적인 자료를 활용한 보다 면밀한 분석이 필요하다.

# 학습이
# 불가능한 사회

지금까지 PIAAC의 영역별 결과를 살펴보았다. 이 결과들이 우리나라 교육에 주는 시사점은 우리나라 성인들이 배운 것을 업무나 생활에 활용할 수 있는 능력이 전반적으로 뒤떨어진다는 것이다. 그리고 이 뒤떨어짐은 주로 55세 이상 성인들의 능력이 매우 부진한 데서 비롯된다. 16~24세 성인들이 세 영역에서 모두 OECD 최고 수준인데 비해, 55세 이상 성인들은 최하위권을 면하지 못하고 있다. 특히 정보통신기술을 활용한 문제해결 능력에서 55세 이상 성인들은 거의 궤멸에 가까운 수준을 보여주며 사실상 이 영역에서의 기능을 전혀 보유하지 못한 것으로 나타났다.

그렇다면 이렇게 엄청난 세대 간 격차는 어디서 비롯된 것일까? 우선 생각해 볼 수 있는 것이 학력 차이다. 우리나라의 세대 간 학력 격차는 다른 OECD 국가들에 비해 압도적으로 크다. 25~34세 성인들의 경우 고졸 이하 학력자는 사실상 없다고 봐야 할 정도로 고학력인 반면 55~65세 성인들은 고등학교도 졸업하지 못한 사람들이 절반이 넘는다. 그 결과 우리나라는 OECD에서 고졸 이상 학력의 비율이 가장 높은 25~34세 성인들과 세 번째로 낮은 55~65세 성인들이 공존하는 기이한 학력구조를 이루게 되었다.

대학교육의 경우도 사정은 다르지 않다. 25~34세 성인의 경우 우리나라는 60% 이상이 대학교육을 받아, OECD에서 가장 높다. 반면 55~65세 성인의 경우는 10%를 겨우 넘어 OECD에서 가장 낮은 수준의 대학교육 이수율을 보여주고 있다.

하지만 이것만으로는 설명이 부족하다. 학력 차이가 세대 간 문해력 격차를 설명할 수는 있지만, 그 자체로 문해력의 결정적 변인이라고 보기는 어렵기 때문이다. 더욱이 문해력 점수가 높은 핀란드, 노르웨이 등도 고등학교를 나오지 않은 성인의 비율이 다른 나라보다 높은 편이다. 뿐만 아니라, 대학을 나왔다고 해도 개인과 국가에 따라 문해력 수준의 차이가 커서 대학 졸업장이 반드시 높은 문해력을 담보하지는 않는다는 것을 알 수 있다. 예를 들면 이탈리아에서 대학을 나온 사람보다 일본에서 고등학교를 나온 사람들의 문해력이 훨씬 높다. 이렇게 학습에 대한 사회적 풍토, 학교를 졸업한 이후에도 계속 학습을 이어갈 수 있는 사회적 인프라 등이 학력 이상으로 문해력의 수준을 결정한다는 사실은 어찌 보면 당연해 보인다.

요컨대 우리나라 40대 이상 성인들의 문해력이 매우 낮다는 사실은 이들에게 고등교육의 기회가 부족했을 뿐 아니라, 학교가 아니고서는 도대체 학습을 할 수 없을 정도로 사회교육이나 평생교육의 인프라가 열악하다는 사실의 방증이다.

# 6

# PISA로부터
# 배울 것

# 다시, 제대로 보는 대한민국 교육의 자리

PISA가 우리에게 던져주는 가장 큰 교훈은 공교육을 바라보는 지나치게 자학적인 관점을 바꿔야 한다는 것이다. 그동안 우리는 학교를 비난하는 것을 유행처럼 받아들이고, 우리나라 공교육이 매우 낡고 뒤떨어진 것처럼 말하는 것에 익숙했다. 21세기 아이들을 20세기 교사가 19세기 학교에서 가르친다는 자학적 농담도 하지 않는가?

하지만 적어도 PISA 결과만으로 볼 때 우리나라의 학교 교육은 세계에서 가장 훌륭하게 작동되고 있는 편이다. 그리고 이것은 오로지 입시만을 위해 돌아가는 사교육의 결과가 결코 아니다. 우리는 우리나라 공교육의 장점이 분명히 존재함을 인정해야 한다. 우리나라 학생들은 읽기, 수학, 과학 등 세 영역은 물론 창의적 문제해결 능력에서도 높은 성취도를 보여주었다. 따라서 학생들의 능력에 관한 한 우리나라는 오히려 차고 넘치는 수준이지, 초조해하거나 불안해할 이유가 없다.

그리고 PISA는 의무교육을 마친 학생들이 사회에 나와 새로운 것을 배울 준비가 되어있는지 평가하는 것이지, 교과 지식을 평가하는 것이 아니다. PISA가 호언장담한 대로 이 평가가 앞으로의 학습 소양을 평가한 것이라면 우리나라 학생들의 학력은 19세기, 20세기뿐 아니라 21세기적 의미에서도 충분하다. 우리나라 공교육은 21세기 아이들을 21세기에 맞게 잘 가르치고 있다.

이 말은 우리나라 사람들이 당연하다는 듯이 여기는 유럽식 교육에 대한 지나친 환상을 경계해야 한다는 뜻이기도 하다. 적어도 PISA를 통해서는 우리나라가 선진국의 교육 시스템을 도입해야 할 특별한 이유를 확인하기 어렵다. 우리나라 학생들은 핀란드와 어깨를 나란히 했음은 물론 독일, 프랑스, 덴마크, 미국, 영국 등 이른바 선진국 학생들보다도 월등한 성취도를 보여주었다.

게다가 '성취도' 외의 분야에서 이들 나라가 우리나라보다 더 탁월한 장점을 보여준 바도 없다. 예컨대 우리나라의 교육 형평성은 북유럽 복지국가와 맞먹을 정도로 높았으며, 상위권과 하위권 학생의 격차도 매우 적었다. 또 학생의 사회경제적 배경이 학업성취에 미치는 영향력도 비교적 낮아서 교육이 적어도 부의 대물림을 강화하지는 않음을 보여주었다.

반면 복선형 학제를 고수하는 독일 등 서유럽 나라들은 일찌감치 실업계에 진학한 학생들이 인문계 학생들보다 현저하게 낮은 성취도를 보여줌으로써 심각한 계층 분화의 단초를 보여주었다. 더욱이 이런 진로 선택이 학생의 적성보다는 출신 계층의 영향을 강하게 받는 것으로 드러나, 교육이 빈부의 대물림 기제로 작동하고 있는 것으로 나타났다. 공교육이 계층 격차를 완화하기보다 오히려 강화하고 있는 것이다.

PISA에서 우리나라 학생들이 선진국들보다 우수한 성취를 거두고, 성취 외의 분야에서도 건실한 지표를 보이는 것은 우연이 아니다. 실제로 우리나라 공교육, 학교 체제는 유럽이나 미국과 비교할 때 분명한 장점들을 가지고 있다.

우선 우리나라에서는 PISA의 평가 대상이 되는 중학교까지 완전한 보통교육이 이루어진다. 예술 중학교와 몇몇 사립 초등학교를 제외하면 모든 초등학교와 중학교가 평준화되어 있다. 국제중학교가 논란의 대상이 된 것도 바로 이 때문인데, 그런 예외는 전체의 1%도 되지 않는다. 따라서 우리나라 학생들은 중학교까지는 계급이나 계층에 관계없이 거의 같은 수준의 학교에서 같은 수준의 교육을 받는다고 보아도 무방하다. 물론 계층에 따라 거주 지역이 분리되어 있어 학교의 지역차가 큰 편이긴 하지만 부유층이 많이 거주하는 지역이라고 해서 더 우수한 교사가 부임하는 것도 아니다. 빈곤층 지역이나 부유층 지역이나 우리나라의 공립 초등학교, 중학교에서는 최고의 명문대학에서 석사 이상의 학위를 받은 교사를 만날 확률이 같다. 게다가 우리나라는 고등학교까지도 사실상 보통교육이 이루어지고 있다. 자사고나 특목고의 비중은 전체의 10%에 불과하며, 거의 대부분의 학생들이 비슷한 수준의 일반계 고등학교를 다닌다.

이는 같은 동아시아권인 일본, 홍콩 등과 비교해도 두드러지는 우리나라 학교제도의 장점이다. 일본이나 홍콩은 중학교가 사실상 서열화되어 있기 때문에 명문 중학교에 들어가기 위한 입시 경쟁이 치열하다. 예컨대 홍콩에서 영어로 수업이 진행되는 중학교와 광둥어로 수업이 진행되는 중학교는 교사진과 시설 등 여러 가지 면에서 엄청난 차이가 있다.

다음으로 우수한 교사진을 꼽을 수 있다. 물론 우리나라 교사들이 세계에서 가장 우수한지는 판단하기 어렵다. 그러나 우리나라 교사들은 우리나라 안에서 구할 수 있는 인력 풀에서는 가장 우수한 인재들로 충원된다.

그럼에도 우리나라에는 교사들이 무능하고 안일하다는 생각이 이른바 여론 주도층을 중심으로 널리 퍼져 있다. 사실 여론을 주도하는 인사들이 50대라고 본다면 이들이 학교를 다녔을 시기는 1970년대인데, 그때와 지금은 상황이 전혀 다르다. 1970년대는 단기 양성소가 있었을 정도로 교사가 마구잡이로 충원되었지만, 1997년 이후 우리나라는 속칭 SKY 출신도 교사가 되기 힘들 정도로 엘리트층에서 교사를 충원하고 있다.

물론 이것은 무엇보다 교사에 대한 보수가 매우 높기 때문에 비롯된 일이다. 1970년대에는 '박봉의 교사'라는 말이 거의 상투어로 사용될 정도였지만, 2000년대에는 누구도 그런 말을 쓰지 않는다. 게다가 학생들의 성취도는 교사의 보수가 높은 것 이상으로 높다. 적어도

PISA 통계에 따르면 세계에 비춰진 우리나라 학교는 교사에게 많은 투자를 하며, 투자 이상의 결실을 거두고 있는 쓸 만한 체제다.

그럼에도 불구하고 공교육에 대한 불만과 불신은 여전히 매우 높다. 그렇다면 공교육에 대한 학생과 학부모의 높은 불만은 욕심이 과한 탓일까? 그렇지는 않을 것이다. 왜냐하면 학생과 학부모뿐 아니라 교사들 역시 공교육에 대한 불만과 불신이 매우 높기 때문이다. OECD 최고 수준의 교사들을 모아놓고, OECD 최저 수준의 직무만족도를 기록하게 만드는 우리나라 공교육 체제, 학교 운영 방식에 뭔가 문제가 있다는 뜻이다.

게다가 학생 입장에서는 성취도만 높을 뿐, 그를 바탕으로 무엇을 하며 어떻게 살 것인지에 대한 비전이 없다. 그저 공부만 할 뿐이다. 자신이 원하는 무언가를 위해 공부를 하는 게 아니라 탈락에 대한 두려움, 공포 때문에 공부를 하는 것이다. 학생들은 바보가 아니기 때문에 그렇게 열심히 공부한 결과 그들의 선배인 지금의 청년 세대 태반이 취업준비생이라는 이름의 백수이거나 알바, 비정규직 등 저임금 노동자라는 현실을 잘 알고 있다. 즉 우리나라 공교육 체제는 통계적으로는 매우 훌륭한 체제이나, 실상 그 내부를 열어보면 학부모의 높은 교육열과 교사의 우수한 자질에 기댄 수치일 뿐, 체제 자체가 기여한 바는 그리 많지 않은 셈이다.

# PISA의 교훈과는
# 거꾸로 가는 교육정책

PISA는 높은 성취도라는 빛에 가려져 보이지 않았던 우리나라 학교 교육의 그림자들도 보여주었다(다만 이 그림자조차 PISA 결과를 통해 확인되는 것들만을 추린 것일 뿐, 이것이 우리나라 학교 교육의 모든 문제는 아니라는 사실에 주의해야 한다).

우선 우리나라는 PISA에서 거둔 훌륭한 성과에도 불구하고 최고 등급 학생이 부족하다. 물론 우리나라 학생들의 성취도가 세계적으로 높은 것은 사실이다. 그런데 문제는 OECD가 가장 중요시하는 미래의 지식노동자, 인재 풀은 그렇게 풍부하지 않다는 것이다. 즉 우리나라의 성취도는 주로 상위권과 하위권의 차이가 적고 전체적으로 평균에 가깝게 분포되어 전체적인 평균점수가 높은 것이지, 우수한 학생이 그만큼 많은 것은 아니라는 뜻이다. 우리가 라이벌처럼 여겼던 핀란드의 경우 하위권 학생도 적을 뿐 아니라 최고 등급에 속한 학생들도 많다는 사실과 비교되는 대목이다. 한마디로 우리나라 학교 교육은 수많은 평균인들을 양산할 뿐 인재를 길러내는 데는 실패하고 있다는 뜻이다.

또 PISA를 통해 드러난 우리나라 학교 교육의 가장 심각한 문제는 바로 '동기'의 문제다. 학생의 학습 동기는 물론 교사의 동기도 크게 저조한 상태다. 우리나라 학생들은 매우 열심히 공부하기는 하지만 공부를 좋아하지도 않고 나중에 쓸모 있을 것이라고 생각하지도 않는다. 이렇게 별로 하고 싶지 않은 공부를 세계 최고 수준의 성취도가 나올 때까지 하게 되니 당연히 불행할 수밖에 없다. 그 결과 우리나라 학생들은 조사 대상 국가들 중 학교에서 행복하다고 응답한 학생의 비율이 압도적으로 낮은 최하위를 기록했다.

교사들 또한 매우 열심히 가르치지만 자신이 중요하다고 생각하지 않고 사회적으로 존중받는다고 생각하지도 않는다. 다른 조사에서도 교사가 된 것을 후회한다는 응답자의 비율이 OECD 평균의 두 배나 된다는 보도가 있었다. 이런 현상을 학생의 나약한 심성과 교사들의 도덕성 부족 때문으로 몰아붙이기는 어렵다. 특히 입시 경쟁이 치열하다는 점에서는 우리나라와 별로 다를 바 없고, 오히려 더 치열하기까지 한 싱가포르, 홍콩, 대만의 경우 우리와 사정이 다르다는 점에서 문제가 더욱 심각하다.

한편 우리나라 학생들의 학습 시간이 다른 나라에 비해 압도적으로 많다는 것도 문제다. PISA 결과에 따르면 우리나라 학생들의 학습 시간은 입시 경쟁이 치열한 다른 동아시아 국가들과 비교해도 월등히 길었다. 게다가 더 큰 문제는 그 학습 시간이 대부분 쓸모없는 시간이라는 것이다.

경제학에는 한계생산성 체감의 법칙이라는 게 있다. 노동 시간을 늘릴 때마다 생산량이 늘어나는 것은 당연하지만 그 증가폭은 점차 줄어든다. 그리고 어느 정도 이상이 되면 노동 시간을 늘려도 생산량이 증가하지 않으며, 심지어 줄어들기까지 한다. 사람의 체력과 정신력에는 한계가 있기 때문이다.

학습도 마찬가지다. 학습 시간을 무작정 늘린다고 학습 성취가 제고되는 것은 아니다. 우리나라 학생들의 학습 시간은 한계생산성이 0에 수렴하는 수준을 훨씬 넘어선다. 그래서 공부하는 시간에 비해 성취도가 높지 않은 비효율이 발생한다. 반면 우리나라만큼 성취도가 높은 싱가포르, 홍콩 등의 학습 시간은 우리나라보다 적다. 그렇다면 그 정도 수준까지가 학습의 효율성을 담보할 수 있는 최대 시간일 가능성이 크다.

PISA에서 드러난 또 다른 문제점은 정교화 학습 전략의 선호도가 낮다는 것이다. 즉 우리나라 학생들이 비판적, 성찰적 학습을 하지 않으려 한다는 뜻이다. 물론 우리나라 학생들은 암기식 학습 전략도 선호하지 않는다. 그렇다면 아예 학습 전략 자체가 존재하지 않는다는 뜻이며, 자신의 학습과정에 대한 성찰이 부족하다는 뜻이기도 하다.

결국 우리나라 학생들은 왜 하는지도, 어떻게 하는지도 모르는 채로 어쨌든 엄청난 시간을 학습에 쏟아붓고 있는 것이다. 이런 상황에서 우리나라 학생들이 보여주는 PISA에서의 높은 성취가 과연 지속 가능한 것인지 되묻게 된다.

## 미국은 우리의 개혁 모델이 아니다

1997년 이후 OECD를 중심으로 교육 개혁이 논의되고 PISA가 등장하면서 우리나라에서도 비슷한 논의가 계속해서 있어 왔다. 그 과정에서 교육당국은 우리나라와 실정이 매우 다른 유럽이나 미국의 개혁 정책을 답습하기도 했다. 가령 OECD 평균 이하로 저조한 성취도를 보이는 미국이라면 성취도를 높이는 것이 중점 과제일 수밖에 없지만, 우리나라는 최상위권의 성취도를 기록하고 있다. 당연히 미국과 우리나라의 교육 개혁은 다른 길을 갈 수밖에 없다. 미국은 어떻게든 공부를 더 시키고 학습 부진을 막는 방법을 찾아야겠지만, 우리는 다르다. 오히려 공부를 덜 시키되 효율적으로 하고, 그 대신 공부에 밀려 부족했던 것들, 과도한 학습으로 인한 부작용을 덜고 치유하는 쪽으로 개혁해야 하는 것이다.

그러나 2000년 이후 단행된 각종 교육 개혁안은 정반대였다. 오히려 경쟁을 강화하는 방향으로 흘러온 것이다. 학생들은 PISA에서 회를 거듭할수록 더 높은 성취도를 기록하고 있음에도, 교육정책은 학교와 교사의 책무성을 강화하고, 학생 간의 경쟁을 부추기는 쪽으로 추진되어 왔다.

이를테면 2000년대 들어 수준별 분반수업이 보편화되었다. 영어, 수학의 경우 학생들은 매 고사가 끝날 때마다 적게는 3개 반, 많게는

5개 반까지 수준별 학급으로 편성되어 분리된 수업을 받는다. 분반수업을 많이 할수록 오히려 성취도가 떨어진다는 PISA의 조사 결과와는 거꾸로 가고 있는 것이다. 보다 근본적으로 분반수업이 설사 성취도에 긍정적 영향을 준다고 하더라도 지금 우리나라는 PISA에서 최고 수준의 성취도를 보이고 있어 성취도를 높이는 것이 교육 개혁의 목표여야 할 이유가 없는 상황이다. 하지만 이제는 수준별 분반수업 때문에 고용한 강사들의 실업 문제까지 발생하여 이를 중단하는 것 역시 큰 일이 되고 말았다.

여기에 더해 학교평가도 2000년대 들어 강화되었다. 수많은 학교들이 해마다 다양한 지표를 산출하여 제출하면 당국은 학교를 A등급, B등급, C등급으로 나눈다. 학교평가를 통해 경쟁을 자극한다는 정책 기조는 이후 교원평가로까지 이어졌다. 한편에서는 이른바 고교 다양화 정책의 명목으로 특목고, 자사고, 자율고가 크게 늘어났다. 첫 번째 PISA가 치러졌던 2000년에만 해도 특목고 진학생의 수는 극소수였다. 그러나 지금은 특목고, 자사고, 자율고에 진학하는 학생이 10%에 육박한다. 여기서 조금만 늘어나면 보통교육을 기반으로 하고 있는 우리나라의 교육 형평성이 흔들릴 가능성이 있다. 그렇게 되면 출신 계층과 무관하게 골고루 우수한 교육을 받을 기회가 주어지는 우리나라 교육의 장점도 점점 무의미해진다.

또 전국 단위 학업성취도평가가 부활, 강화되기도 했다. 2008년에 전국 단위 학업성취도평가가 전수평가로 실시되어 사실상의 일제고사가 되었다. 물론 전국 단위 학업성취도평가는 공식적으로 기초학력 부진학생을 파악하기 위해 실시하는 것이라고 기록되어 있다. 그러나 실제로는 일부 교육감들을 중심으로 초등학생을 밤늦게까지 남겨 문제집을 풀게 하는 등, 경쟁이 과열되는 양상을 보이고 있다. 보다 근본적으로 우리나라 공교육은 기초학력 부진학생이 많아서 문제가 아니라 최고 수준에 이른 학생이 적다는 게 문제다. OECD에서 기초학력에 미치지 못한 학생이 가장 적은 나라가 우리나라다. 그런 우리와 기초학력 부진학생이 많아서 문제인 미국의 상황이 다른데 무리하게 미국의 정책을 개혁이라고 들여온 것이다.

분반수업으로 학생 간 경쟁을 부추기고 학교평가와 교원평가로 교사 간 경쟁을 부추기는 것도 모자라 일제고사로 지역 간 경쟁까지 부추기고 있는 것이다.

하지만 교육은 백년지 대계라는 말에서 알 수 있듯, 학생이 충분히 성장한 다음에야 그 효과를 확인할 수 있다. 물론 6개월, 1년 단위로 효과를 확인할 수 있는 영역도 있다. 하지만 이런 영역만을 위주로 하는 학교평가, 교원평가가 도입되면서 교육 현장에서 정말 중요한 장기 목표는 실종되고, 단기 지표 채우기만이 성행하게 되었다는 부작용을 간과해서는 곤란하다.

이뿐만이 아니다. '교육경쟁력＝학력'이라는 관점에서 '학력 신장' 드라이브도 멈출 줄 모르고 계속되었다. 이 드라이브는 원래 특기적성 교육이라는 형태로 예체능 중심이었던 방과후 학교를 빠르게 주요 과목 중심으로 재편하여, 사실상 초·중학교에서까지 보충수업을 부활시키는 결과를 가져왔다. 게다가 원래 취지는 학원 대신 학교에서

방과후 보충수업을 받으라는 것이었지만, 결과는 학원 수업에 방과후
수업까지 모두 하는 쪽으로 가고 말았다.

# 넘치는 것을 버리고 부족한 것을 채우자

PISA의 결과는 우리나라 학교가 소양, 역량, 성취도 등 '학력'에 관한 한 훌륭한 수준을 넘어 과도한 체제임을 보여주고 있다. 우리나라 학교가 학력에 관해 훌륭하게 작동하고 있다는 사실은 10년 넘게 꾸준하게 높은 수준을 유지해 온 PISA의 평가 결과가 객관적으로 증명하고 있다. 그리고 훌륭함을 넘어 과도하다는 사실은 비슷한 수준의 성취도를 보여준 다른 동아시아 국가들과의 비교를 통해 알 수 있다. 성취도는 비슷한데, 다른 동아시아 나라들에 비해 더 큰 대가를 치르고 있는 것이다. 다시 말해 우리나라 공교육 시스템은 학력 신장에 지나치게 많은 자원과 시간을 투자한 나머지 부작용이 학력에서의 성공을 잠식하는 시점에 이르렀다고 볼 수 있다.

PISA의 자료들이 우리나라에 주는 시사점은 분명하다. 그것은 학력 신장에 투입되는 자원과 시간을 줄이라는 것, 그리고 과열된 학력 경쟁을 식히라는 것이다. 그 방법은 여러 가지가 있을 수 있다.

우선 학력 신장을 목적으로 강화된 제도들을 폐지하는 것부터 시작해야 한다. 동시에 학생의 성장 단계에 따라 학습 총량제 등을 적용하여 학교, 학원을 가리지 않고 학생이 1주일에 받을 수 있는 수업량과 학습량에 상한선을 두는 방법도 고려해야 한다. 또 온라인 게임에 무의미한 셧다운 제도를 도입할 게 아니라, 일정 시간이 지나면 방과후 학교, 학원을 가리지 않고 일체의 수업을 못 하게 하는 방안도 필요하다. 특히 학교 밖에서의 학습 시간을 줄이는 일에 주력해야 한다. 우리나라 학생들의 학습 시간이 필요 이상으로 긴 것은 주로 학교가 끝난 다음 잠들기 직전까지 계속해서 학습 시간이 이어지기 때문이다.

우리나라와 비슷한 학력을 보여주는 싱가포르, 홍콩 학생들의 경우 학교에서의 학습 시간은 우리와 비슷한데, 학교 밖에서의 학습 시간은 더 짧다. 따라서 우리도 최소한 그만큼은 학습 시간을 줄여야 한다 (물론 이때 예술, 체육, 혹은 특별한 기능과 관련된 교육은 예외로 한다).

이렇게 학습 시간과 강도를 줄이면 남는 시간에 무엇을 하느냐는 반문이 있을 수 있다. 그런데 이 시간을 남는 시간이라고 보는 관점부터 바꾸어야 한다. 퇴근 시간이 지나면 어른들도 더 이상의 노동을 하지 않아야 하는 것처럼 학생도 마찬가지라야 한다. 하교 후 저녁 시간은 가족이나 친구와 함께하고, 자신의 취미를 가꾸는 시간으로 활용하도록 해야 한다. 학력 저하가 우려된다는 목소리는 기우에 불과하다. 우리나라 학생들의 학습 노동은 이미 한계생산성 제로선을 넘어

무의미하게 추가되는 것이기 때문에 그 시간을 뺀다고 해서 학력이 저하되지는 않는다.

## 지속가능한 교육을 위하여

PISA를 통해 바라본 우리나라 학생들은 학력은 매우 높지만, 그 공부를 왜 하는지 알지 못하며, 그 공부를 좋아하지도 않고, 심지어 그 공부가 장차 쓸모 있을 것이라고 생각하지도 않는 것처럼 보인다. 게다가 이런 인식은 교사들에게서도 마찬가지로 나타난다. 학생과 교사 모두 열심히 하고 우수한 성과를 내지만 정작 그 성과의 의미가 무엇인지 생각해 보지는 않는다는 의미다. 이런 식의 교육은 지속가능하지 않다.

이렇게 계속해서 성과만을 지상 가치로 삼고 달리다 보면, 우수한 성과가 무너지거나 아니면 그를 위해 달려왔던 사람들이 무너진다. 지금 우리나라의 각종 사회 현상들은 사람들이 무너지는 쪽으로 나타나고 있다. 점점 높아지는 청소년 자살율, 교사들의 우울증, 그리고 학교폭력, 교실 붕괴 모두 이 의미 없는, 그러나 성과는 높은 학습 노동의 부작용들이다.

따라서 우리나라 학교 교육을 개혁해야 한다면 그 방향은 학력 신장이어서는 안 된다. 학력의 의미를 찾도록 해야 하는 것이다. 우리가 어떤 일을 할 때 그 일의 의미는 궁극적으로 그 일을 마쳤을 때 도달하게 되는 지점, 즉 목적에 의해 주어진다. 학교 교육도 마찬가지다. 무작정 공부부터 시킬 것이 아니라 공부의 목적을 찾도록 하는 방향으로 바뀌어야 한다.

사람이 살아가는 최고의 목적은 행복이다. 따라서 공부는 학생의 행복에 기여하는 것이라야 한다. 그런데 행복은 단지 쾌적한 심리상태가 아니다. 행복은 자신이 바람직하다고 여기는 방향으로 자신의 삶이 이루어져가고, 그것을 이루는 데 있어 자신의 능력이 향상되는 것, 역량과 가능성이 커지는 것을 확인할 때 느껴지는 것이다. 학력 신장이 학생의 행복과 닿으려면 그 학력이 바로 학생이 살아가고자 하는 바람직한 삶에 기여하는 것이라야 한다.

따라서 학생들은 공부를 하기에 앞서 먼저 자신이 살아갈 삶의 방향에 대해 진지하게 고민하고 성찰할 수 있어야 한다. 여기서 말하는 방향은 흔히 이런 저런 직업으로 표현되는 장래희망 같은 것이 아니다. 그것은 자신이 어떤 세상을 바라며, 그 세상에서 어떤 종류의 사람으로 성장하여 어떤 가치를 추구할 것인가의 문제다.

예컨대 합리적이고 냉정한 세상을 바라며, 그 세상에서 철저히 능력으로 성공하여 부와 명예를 움켜쥘 것인가, 아니면 따스한 사회에서 소박하지만 화목하게 안빈낙도하며 살 것인가, 혹은 공정한 세상을 만들기 위해 약자들을 돕는 일을 하며 살 것인가, 창조적인 일을 통해 아름다움을 추구하며 살 것인가 등을 다각도로 성찰해 보아야 한다는 것이다.

그런데 우리나라 학생들은 이런 성찰이 매우 부족하며 심지어 부모는 학생보다 더 부족하고 편협하기까지 하다. 그나마 10여 년 전에는 장래희망이라도 있었는데, 최근에는 이마저도 협소해져서 공무원, 교사, 공사 직원 등 몇 개 안 되는 직업군으로 그 폭이 더욱 좁아졌다. 어떤 '사람'이 되고자 하느냐는 질문에 어떤 '직업'을 갖겠다고 대답하며, 그 직업을 가져야 하는 이유가 그저 잘 먹고 잘살거나, 안정적으로 생존할 수 있어서라고 말한다. 단지 공무원이 되기 위해서, 그리고 공무원이 되고자 하는 이유가 공공에 대한 봉사심 때문이 아니라 안정적으로 월급이나 받으며 살아가기 위해서라면, 이런 하찮은 목적을 위해 투입해야 하는 학습 노동의 양이 너무 과도하다고 생각하지 않는가? 더구나 이 엄청난 학습량은 다만 그 직업을 얻기 위해 통과해야 할 시험을 위한 것일 뿐, 그 직업에서 의미 있게 사용되리라고 전혀 기대할 수 없는 것들이다.

예를 들어, 일반직 공무원에게 필요한 자질은 엄청난 학습량과 지식이 아니라 바른 품성과 봉사심이다. 하지만 공무원이 되기까지의 치열한 경쟁을 통해 이러한 자질이 길러질 가능성은 거의 없다. 마찬가지로 교사에게 요구되는 자질 역시 치열한 학습 노동과 경쟁을 통해 길러지는 게 아니다. 봉사심과 학생들에 대한 사랑, 학생들에게 공감하고 그들을 제대로 보살필 능력 같은 것이 훨씬 중요하기 때문이다. 일단 안정된 직장이라는 이유만으로 엄청난 노력을 투입하여 막상 그 직장에 들어갔는데, 자신이 노력을 쏟아 부은 것과 전혀 다른 자질을 요구받을 경우 그 심리적 타격은 이루 말할 수 없다. 우리나라 젊은 교사들이 교직에 들어온 것을 후회한다는 비율이 OECD 평균보다 높은 것은 이런 목적과 현실의 괴리 때문일 것이다.

학생들이 자신의 삶의 방향, 목적, 의미를 성찰하도록 하기 위해서는 무엇이 필요할까? 그 첫 번째는 경험이다. 특히 다양한 삶의 모습, 그리고 다양한 인생관과 가치를 경험할 수 있어야 한다. 직업 체험, 직장 탐방 같은 것을 말하는 것이 아니다. 물론 이런 활동도 중요하긴 하지만 그보다 훨씬 넓고 깊은 세계가 있음을 경험하는 것보다 중요한 것은 아니다. 우리나라 학생들은 수천년의 인류 역사를 통해 누적된 다양한 삶의 모습과 가치, 명멸하는 인간 군상들이 만들어낸 복잡하고 흥미로운 이야기를 접하고 이를 자신의 이야기와 연결지어보는 경험이 매우 부족하다.

삶의 목적이라는 것은 현재와 무관하게 저 먼 미래에 점처럼 뚝 떨어져 있지 않다. 현재의 이야기를 써나가는 과정에서 어렴풋했던 것들이 서서히 분명해지는 것이다. 자신의 이야기를 쓰지 못하는 사람에게는 삶의 목적도 방향도 없다. 또 다른 사람들의 이야기를 많이 알지 못하는 사람이 쓰는 이야기는 단조롭고 빈약할 수밖에 없다. 그게 현재 우리 학생들의 모습이고, 학생들처럼 치열하게 학력을 신장해 최상위 5%에 들어 교편을 잡은 우리나라 교사들의 모습이기도 하다.

그렇다면 우리는 어떻게 다양하고 풍부한 이야기를 접할 수 있을까? 가장 효과적인 것은 바로 문학을 포함한 예술 작품이다. 예술 작품은 인간으로 하여금 수많은 가상의 상황을 체험하게 하고, 또 다양한 사람들을 간접적으로 만나게 함으로써 학생들이 장차 자신의 이야기를 만들어가기 위해 필요한 무궁무진한 재료와 상상력을 제공한다.

우리나라 공교육은 그동안 예술에 관한 한 거의 불모지나 다름없었다. 오랫동안 학교 교육에서 문학은 다만 시험에 출제할 지문으로 해체되는 대상이며, 그나마 비문학 텍스트 비중이 늘어나면서 이마저도 위축되어왔다. 물론 독서교육을 강조하고는 있으나 독서가 교육과정 내에서 제대로 소화된 적은 없다. 문학이 이 정도니 다른 예술 과목은 변방의 장식쯤으로 격하된 지 오래다. 공교육에서 예술 분야의 일대 르네상스가 필요한 이유다.

　예술 작품을 감상함으로써 학생들은 자신의 이야기를 창출할 능력을 갖추게 되며, 자신의 이야기 속에서 공부의 위상과 방향을 결정하고 자신이 왜, 무엇을, 얼마나 공부하는지 의미를 찾을 수 있을 것이다. 입시 교육 자체는 문제가 아니다. 목적이 빈약하고 의미가 없는 입시 교육, 학생 자신의 이야기와 무관한 입시 교육이 문제인 것이다.

# 혁신학교가
# 가야 할 길

　'학습 내용'을 중심으로 움직이는 학교를 '학생들의 이야기' 중심으로 전환하는 일은 그리 간단한 일이 아니다. 수십 년 동안 우리나라 학교 교육은 주어진 학습 내용을 효율적으로 전달하는 데 맞춰져 있었고, 또 그 목적을 충실하게 달성해 왔다.

　PISA에서 우수한 성과를 거둔 것 역시 이와 무관하지 않다. PISA의 국가 간 비교는 평균점수를 기준으로 하기 때문에 중간 수준의 학생이 많고 최하 수준이 적을수록 평균은 높아질 수밖에 없다. 우리나라가 그런 분포를 보여주며, 따라서 순위에 비해 최고 수준 학생의 비율이 빈약하다. 우리나라의 학교 교육은 이런 평균인의 산출에 최적화된 체제다. 물론 평균적인 수준의 성인들을 길러내는 것도 중요한 일이다. 그리고 아직까지 많은 나라의 학교들은 이조차 제대로 해내지 못하고 있다. 하지만 이 체제로 창조적인 인재를 길러내기는 어렵다. 이미 평균수준의 산출이 최대값이기 때문에 아무리 더 많은 시간을 가동시켜도 추가 산출이 나오지 않는 것이다. 그것이 바로 우리나라 학생들의 살인적인 학습 시간이 학습 동기 저하와 학력 저하라는 악순환을 일으키는 원인이다.

이렇게 되면 시간이 더 이상 우리 편이 아니게 될 가능성이 높다. 아직까지는 산업사회와 지식정보사회의 과도기적 성격이 강하지만, 패러다임 전환이 완료된 시점에서는 지금 창조적 인재라 불리는 수준이 표준이 되어버리기 때문에 우리나라 학교 교육은 급격하게 적응력을 상실하고 말 것이다.

따라서 우리나라 학교 교육은 학습 내용 전달 체제에서 학생들이 스스로 학습에 의미를 부여하고 학습 능력을 길러나가는 체제로의 전환이 시급하다. 즉 PISA가 말하는 대로 "배우는 법을 배우는" 체제로 바꾸어나갈 필요가 있다. 기존의 지식을 전달하는 전수의 장이었던 학교가, 학생의 가능성을 확장하는 성장과 발달의 장으로 바뀌어야 하는 것이다.

그런데 이런 변화는 그동안 우리에게 익숙했던 학습관을 완전히 뒤집는 것이다. 우리는 가지런히 정돈된 교실에서 교과별로 단원별로 체계화된 지식을 교사가 잘 전달해 주고, 학생이 잘 전달받아 머릿속에 간직하는 것을 학습이라고 생각해 왔다. 그러나 PISA는 계속해서 이런 것이 학습이 아니라고 말하고 있다. 삶의 도전에 직면하여 다양한 지식, 정보를 활용하고 다른 사람들과 협력하는 능력을 키우는 것이 학습이라는 것이다. 우리나라 학교가 바뀌어야 할 방향도 바로 이와 맥을 같이한다.

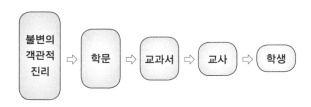

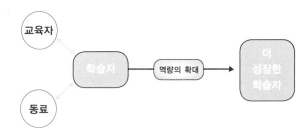

하지만 이러한 변화는 일순간에 이루어지지 않는다. 프레이리가 말했듯이 배우지 않은 교사는 가르칠 수 없다. 새로운 방식으로의 교육을 경험해 보지 않은 교사들이 몇 시간의 연수만으로 새로운 교육을 실시할 수는 없다. 그래서 앞으로의 교육 개혁에는 시행착오와 실험이 필요하며, 이 과정을 먼저 경험한 훈련된 교사들이 필요하다.

진보 교육감의 등장 이후 우후죽순처럼 늘어나고 있는 혁신학교의 의미가 바로 여기에 있다. 혁신학교는 다른 무엇보다도 바뀐 학습관에 따라 재배치된 교육 활동을 실험하는 학교로 자리 잡아야 한다. 그리고 혁신학교를 통해 어느 정도 새로운 학습관에 익숙해진 교사들은 이를 퍼뜨려나감으로써 궁극적으로 학교 교육 전체를 바꾸어나갈 수 있을 것이다.

# 문제는
# 학생이 아니라 성인,
# 학교가 아니라 사회다

지금까지 PISA 결과를 통해 학교 교육을 어떻게 개혁할 것인지 제안해 보았다. 하지만 엄밀히 말해 이런 개혁은 오랜 시간에 걸쳐 이뤄져야 할 과제로 당장 급한 문제는 아니다. PISA 자료만을 놓고 보았을 때 지금 당장 대대적인 공교육 개혁이 필요한 나라는 미국, 독일, 프랑스, 이탈리아, 스페인 등 이른바 주류 선진국들이다.

우리나라가 한시라도 빨리 해결해야 할 시급한 문제는 학교 교육이 아니라 학교 이후의 교육이다. OECD 국가들 중 학생을 대상으로 하는 PISA와 성인을 대상으로 하는 PIAAC의 결과가 우리나라처럼 엄청난 격차로 벌어지는 나라는 없다. 게다가 성인 문해력은 이들이 당장 일해야 하는 노동력이라는 점(경제적 측면), 그리고 다양한 형태로 제공되는 정보를 해석하여 의미 있는 의사결정을 해야 하는 시민이라는 점(민주정치의 측면)에서 매우 심각한 문제다. 전체 성인의 60%가 복잡한 문장을 겨우 해석하고, 비판적·성찰적 독해가 어려운 나라에서 갈수록 복잡해지는 공공 문제에 대한 심도 깊은 사회적 토론을 기대하기는 어렵다. 즉 성인의 문해력이 이렇게까지 떨어진다는 것은 민주주의의 위기이기도 한 것이다. 더구나 우리나라는 고령사회를 넘어 초고령사회로 접어들고 있다. 이는 OECD는커녕 개발도상국 수준의 문해력을 가진 인구집단의 비율이 점점 커진다는 뜻이다.

그동안 우리나라에서 교육과 관련한 논란은 거의 대부분 학생, 특히 고등학생에게로 집중되어 있었다. 공부는 학생이 하는 것이고 어른은 이미 공부를 마친 사람이란 고정관념이 강해서 성인의 학습 능력 저하에 대한 준비가 거의 되어 있지 않았다. 실제로 우리나라 성인은 대학을 졸업한 순간 대학원을 다니거나 직무교육을 받거나 아니면 외국어 학원이나 기능 학원을 다니는 외에 의미 있는 학습을 할 기회를 거의 갖지 못한다.

특히 성인들을 위한 학습 중심지 역할을 해야 하는 공공도서관이나 박물관의 숫자도 OECD 주요 국가들과 비교하면 절반이나 그 이하 수준이다. 2013년 우리나라의 도서관 1관당 인구수는 5만 9,123명으로 이웃나라 일본(3만 8,996명)이나 미국(3만 3,532명, 2011년 기준)보다 2배 가까이 많다. 영국이나 독일 등 유럽 국가와 비교하면 5배까지 차이가 나서 턱없이 부족한 실정이다. 박물관도 사정은 크게 다르지 않다.

더 근본적인 문제는 이런 인프라가 충분하다고 하더라도 공부할 시간이 없다는 것이다. 우리나라 임금 노동자의 연평균 노동 시간은

2013년 기준 2,071시간으로 OECD 평균인 1,671시간을 훨씬 상회한다. 게다가 강제적인 회식, 접대 등 통계에 잡히지 않는 시간까지 감안하면 노동 시간은 이보다도 훨씬 길어진다. OECD에서 가장 긴 출퇴근 시간도 문제다. 2014년 OECD가 발표한 국가별 시간 사용 조사에 따르면 우리나라 사람들이 출퇴근 및 등하교에 들이는 시간은 58분(2009년 기준)으로 28분인 OECD 평균보다 2배, 핀란드, 스웨덴 등 북유럽 국가들과 비교하면 3배 가까이 길다. 이 정도면 우리나라 성인들은 학습을 위한 시간을 거의 확보할 수 없다고 봐도 무방하다. 학교와 학원으로 꽉 짜인 스케줄 속에서 자발적인 학습 시간을 거의 가질 수 없는 학창시절이 연장된 것이나 마찬가지다. 그나마 학교에서는 타율적으로라도 학습을 했지만, 학교를 나온 성인들은 노동에 압도된 하루 속에서 학습 자체를 위한 시간을 거의 갖지 못한다.

**OECD 주요국 연평균 노동 시간**
(2013년 기준, 단위 : 시간)

| | |
|---|---|
| **멕시코** | 2,328 |
| **칠레** | 2,085 |
| 대한민국 | 2,071 |
| · · · | |
| **미국** | 1,795 |
| **일본** | 1,746 |
| **영국** | 1659 |
| **독일** | 1,313 |
| **OECD 평균** | 1,671 |

물론 최근에는 기업들도 노동자를 무작정 일만 시키는 것이 바람직하지 않음을 깨닫고 있다. 인문학적 소양이 경쟁력이라는 담론이 무성한 것도 같은 맥락이다. 실제로 평생학습을 적극적으로 지원하는 구글이나 애플 등의 기업문화가 주목을 받기도 하지만, 정작 그것을 실행에 옮기는 기업은 여전히 손에 꼽을 정도로 적다. 기업은 여전히 직원들을 반 강제적으로 인문학 강좌 등에 출석시키는 데 돈을 쓸 뿐, 직원들이 인문학을 공부할 수 있는 풍토를 조성하고 넉넉한 여유 시간을 마련해 주는 일에는 인색하기만 하다. 하지만 인문학적 소양은 한두 시간짜리 강좌를 듣는다고 쌓이는 게 아니다.

따라서 학습 시간이 절대적으로 부족한 성인들의 문제는 교육 개혁만으로는 해결하기 어려우며, 정부와 기업이 모두 협력하여 해결해야 할 문제다. 우선 긴 출퇴근 시간으로 인해 거주지역이 주 생활공간으로서 기능하지 못하고 있음을 염두에 두어야 한다. 그래서 더욱 직장은 단지 노동만을 위한 곳이 아니라 학습이 일어나는 곳으로 변신해야 하는 것이다.

공공도서관과 박물관 등 문화시설도 현재의 2배 이상으로 늘려서 어디에 있든 걸어서 갈 수 있는 거리에 있도록 해야 한다. 그리고 그곳은 다만 책이나 소장품을 보여주는 곳이 아니라, 무엇이든 배우고 나누려는 사람들이 모이는 장소로 기능할 수 있어야 한다. 흔히 한 아이가 자라기 위해서는 학교뿐 아니라 마을의 모든 어른들이 함께 노력해야 한다는 의미로 "마을이 학교다"라고 말한다. 그런데 이제 이말은 아이들뿐 아니라 어른들에게도 적용되어야 한다. 학교를 졸업한 성인들에게는 직장이 학교이며 사는 곳이 학교이며 도처가 학교여야 한다.

# PISA 순위가 교육의 전부는 아니다

이 책은 PISA의 조사 결과를 바탕으로 우리나라 공교육의 현실을 진단하고, 앞으로의 교육 개혁 방향을 제안하는 책이다. 그런데 책의 마무리가 될 마지막 제안은 역설적으로 드리려 한다. 그것은 바로 PISA를 과신하지 말아야 한다는 것이다.

물론 PISA는 지금까지 공교육에 관해 이뤄진 조사 가운데 참고할 부분이 가장 많다. 가장 많은 나라를 표본 집단으로 삼으며, 조사 영역 또한 방대하면서도 세밀하고, 평가도구 역시 기존에 비해 정교하고 참신하다.

그럼에도 불구하고 PISA 결과에 대한 우리나라 교육계의 반응과 관심은 과도하다. 2012년부터 도입되기 시작한 이른바 '성취평가제'는 명백히 PISA의 평가 방식을 차용한 것이며, 2015 개정 교육과정 역시 PISA를 의식하고 있다. PISA는 훌륭한 프로그램이지만 그 역시 많은 국제 조사들 중 하나일 뿐이다. 큰 흐름을 읽지 못하고 단편적인 결과에 맞춰 국가의 교육과정까지 바꾸는 것은 과도한 반응이다.

게다가 PISA는 다음과 같은 분명한 한계를 가지고 있기 때문에 그 결과를 해석할 때 늘 유의해야 한다.

첫째, PISA가 소양을 평가한다고는 하지만 실제로 그것을 측정하고 있는지는 확실하지 않다. PISA는 지식과 기능이 아니라 학습할 수 있는 능력을 평가한다고 밝혀왔다. 이는 21세기 교육의 방향을 '배우는 법을 배우기(learning to learn)'라고 규정하고 있는 OECD의 교육 혁신 방향과도 맞닿아 있다. 하지만 PISA가 측정하겠다고 선언했다고 해서 실제 PISA의 문항들이 그것을 측정하고 있다고 확신할 근거는 없다.

지금까지 PISA의 주요 영역을 차지하고 있었던 읽기, 수학, 과학 영역은 아무리 그것이 해당 교과의 지식이 아니라 각 분야의 소양을 평가하는 것이라고 해도 수업에서 배운 것의 영향에서 자유롭지 않다. 즉 역량평가를 지향하지만 사실상 학업성취도 평과에 근접할 가능성이 있다는 것이다.

특히 PISA의 최상위권에는 주입식 교육이 많이 이루어지고 입시 경쟁이 치열한 동아시아 국가들이 포진해 있다. 물론 동아시아 교육이 겉보기에는 주입식 교육을 하는 것 같아도 알고 보면 창조성을 함양하는 요소나 특성을 가지고 있을 수도 있다. 하지만 PISA가 당초 목표와 달리 결국은 학습 결과에 불과한 지식을 평가하고 있을 가능성도 완전히 배제할 수는 없다. 즉 PISA 데이터의 타당성에 문제의식을 가지고 있어야 한다는 의미다.

둘째, PISA의 결과가 앞으로 교육 개혁의 방향을 정확하게 보여준다고 확신하기 어렵다. PISA는 확정된 평가가 아니다. 따라서 PISA의 평가 방식은 앞으로도 계속해서 바뀔 수 있다. 특히 PISA는 DeSeCo와 불가분의 관계에 있다. 교육 목표에 따라 평가 방식이 정해지는 것은 교육학의 상식이다. 핵심역량이 어떻게 정의되느냐에 따라, PISA의 평가 방식 또한 조정될 가능성이 크다.

게다가 살면서 도전에 직면했을 때 지식과 도구, 타인과 사회, 자기 자신과 적절하게 상호작용하는 능력을 21세기의 핵심역량이라고 한다면 읽기, 수학, 과학 같은 PISA의 주요 영역은 아무래도 지나치게 협소하다. 이 세 영역은 핵심역량 중에서도 도구와의 상호작용, 그 가운데서도 일부분만을 포함하고 있으며 기존의 교과 지식과 명백히 구분되지 않는 부분도 여전히 남아 있기 때문이다.

따라서 PISA는 앞으로 이 세 영역의 상대적 비중을 줄이고 DeSeCo에서 규정한 핵심역량을 측정하는 방향으로 변모할 가능성이 크다. PISA는 이미 '협력적 문제해결 능력'이라는 새로운 영역을 개발하여 2015년부터 적용하겠다고 하고 있다. 또 환경 감수성, 경제 감수성 등 실제 삶과 연결된 분야에서의 평가 방법을 개발하기 위해 다양한 실험도 이루어지고 있다. 물론 이런 영역들은 아직까지 참가국의 선택과목으로 비중이 크지 않지만 앞으로 기존의 읽기, 수학, 과학을 흡수할 가능성도 적지 않다.

문제는 교과로 환원되지 않는 이러한 역량을 정량적으로 측정하기가 매우 어렵다는 것이다. 정량적 평가는 평가 대상을 매우 단순한 구성 요소로 분해할 수 있을 때 가능하다. 그렇다, 아니다로 구분될 수 있는 요소에 1과 0의 수치를 부여하고 그 합계를 환산하여 평가하는 것이다. 예컨대 대학수학능력평가는 고등학교 과정을 제대로 마쳤을 때 이 정도는 알 것이라고 기대하는 단순한 질문들을 수백 개 나열한 뒤 맞추면 몇 점, 맞추지 못하면 0점을 부여하여 그를 합산한 점수로 학생을 평가한다.

하지만 21세기에 필요한 이른바 '역량'이라고 하는 것을 어떻게 이런 단순한 요소들로 분해할 수 있을까? DsSeCo도 이런 문제를 해결하기 위해 21세기에 요구되는 수많은 역량 가운데 평가가 가능한 것들만 간추려 핵심역량으로 구체화하고 있다. 그 과정에서 매우 많은 능력이 핵심이 아닌 것으로 버려졌음은 쉽게 짐작할 수 있다. 더욱이 핵심역량 자체도 비록 세부 요소들로 상세히 기술되어 있기는 하나 여전히 추상적이고 모호한 표현이 많아 지표로 삼기에는 부족하다. 따라서 PISA의 결과를 어떤 확정적인 사실로 받아들이고 여기에 전적으로 의지하여 교육의 방향을 결정하는 것은 위험하다.

셋째, PISA는 경제적 측면에 치중된 평가로서의 한계를 지닌다. PISA, 그리고 이와 관련된 DeSeCo는 어디까지나 경제적 측면에서 교육을 바라보고 있다. 즉 생산성 높은 노동자, 그리고 합리적인 소비자를 양성하는 측면에서의 교육에만 치중하고 있는 것이다. OECD의 패러다임 전환은 애초에 산업에서의 변화를 반영한 것이며, DeSeCo가 핵심역량을 정의하고 선별하는 이유도 바로 '생산에 기여할 수 있는 역량'을 우선하기 때문이다.

그러므로 PISA만 가지고는 경제적 가치와 무관하지만 매우 중요한 교육의 다른 절반을 볼 수 없다. PISA의 이런 한계는 유네스코가 설정한 지속가능발전교육(ESD, Education for Sustainable Development)의 핵심 가치와 비교해 보면 더욱 확연하게 드러난다.

지속가능한 발전을 위한 교육의 핵심 가치와 역할

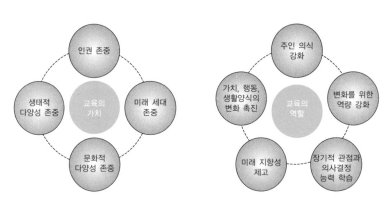

유네스코의 ESD에는 PISA나 DeSeCo에서 그토록 강조하는 창의성이 중요한 가치에 포함되어 있지 않다. 그보다는 생태적 다양성, 문화적 다양성, 미래 세대에 대한 책임, 그리고 인권 존중이 가장 중요한 가치로 자리매김하고 있다.

여기서 우리는 반문할 수밖에 없다. PISA나 DeSeCo에서는 어떻게 인권이나 문화적 다양성처럼 대단히 중요한 가치가 언급조차 되지 않고 있나? 환경 감수성 역시 경제적 필요 때문에 선택과목으로 잠시 언급되었을 뿐 중요하게 간주되지 않았다. 이는 결국 PISA의 궁극적인 목적이 철저히 지식노동자에게 필요한 역량을 평가하는 것이기 때문이다. 그 과정에서 인권과 같이 생산성과 직접적인 관련이 없는, 그러나 대단히 귀중한 가치는 그만 뒤로 밀려나거나 삭제되고 말았다.

물론 OECD가 생각하는 핵심역량에는 다양한 문화적 배경을 가진 사람들과 원활한 관계를 맺을 수 있는 능력도 포함되어 있다. 그러나 이는 다른 문화를 존중하고 다른 사람들의 인권을 존중해서가 아니라 그런 다양한 사람들과의 협력을 이끌어내야만 지식 상품을 산출할 수 있기 때문이다. 이런 점에서 PISA가 바라보는 교육은 철저히 기능적이며, 여기에서 개인의 행복이나 공동체가 지켜야 할 윤리적 가치 같은 것들은 거의 고려되지 않는다.

교육에서 기능적인 부분은 중요하다. 교육은 개인으로 하여금 사회가 요구하는 최소한의 기능을 갖추도록 해야 한다. 맹자가 말했듯이 유항산 유항심(有恒産 有恒心. 최소한의 경제적 조건이 뒷받침되어야 자신이 소중하다고 믿는 가치를 지켜나갈 수 있음)인 것이다. 하지만 유항산만을 갖추게 해 준다면 이는 반쪽짜리 교육이다. 바로 이 점에서 우리는 PISA의 한계를 명확하게 인식해야 한다. PISA에서 우수한 성과를 거두고 있다는 것은 분명 학교 교육이 성공적이란 의미다. 하지만 이는 교육의 반쪽, 즉 기능적 측면에서의 성공일 뿐이다. 다른 반쪽, 가치와 윤리의 측면에서 우리나라 교육이 성공을 거두었는지는 아직 확인되지 않았다.

학교 교육이 PISA에서 우수한 성과를 거두고 있음에도 불구하고 여전히 많은 학생과 교육자들이 공교육을 문제투성이라고 느끼고, PISA에서 우리보다 형편없는 성과를 보여준 나라로 교육 이민을 감행하는 이유가 단지 조기교육 때문만은 아닐 것이다. 그것은 우리나라 학교 교육이 PISA가 평가하지 못하는 교육의 다른 절반의 영역에서 실패하고 있고, 결국 학생들의 성품과 행복을 해치고 있다는 일종의 방증이다.

가치 없는 기능은 기계적이며 기능 없는 가치는 허망하다. 따라서 우리나라의 교육 개혁은 PISA가 시사하는 미래 사회의 경제적·기능적 역량을 강화하는 것과 더불어 유네스코가 강조하는 가치의 측면까지 아우르는 방향이 되어야 할 것이다.

그렇다고 그 개혁이 기존의 학교 교육에 이른바 인성교육 프로그램을 추가하는 구색 맞추기식이 되어서는 안 된다. 인성교육 역시 교과 교육과정에 자연스럽게 녹아들지 않으면 허망할 뿐이다. 기존의 교육 과정에 인성교육 프로그램을 억지로 끼워넣는 식이 아니라 차라리 여러 교과를 핵심 가치(역량이 아니라 가치) 중심으로 재구성하는 방안을 고민해야 한다.

2015년은 여섯 번째 PISA가 치러지는 해다. 그리고 늦어도 2017년 전에는 그 결과를 토대로 OECD의 상세한 보고서가 발표될 것이다. 그 결과를 이제는 조금 다른 시각으로 볼 수 있어야 하지 않을까? 이변이 없는 한 당연히 우리나라 학생들은 상위권에 위치할 것이다. 하지만 이 책을 계기로 더는 PISA에서 우리 학생들이 몇 점을 받았는지, 몇 등을 했는지에 관심을 가지지 않았으면 한다. 오히려 우수한 학업 성취의 그림자에 가린 우리 교육의 오래된 문제들에 보다 많은 관심을 기울일 때다. PISA가 훌륭한 평가이긴 하지만 그것이 나타내는 지표와 그것이 제시하는 역량이 우리가 길러야 할 개인, 우리가 기대하는 사회의 전부는 아니라는 사실 역시 잊지 말아야 할 것이다.

이 도서의 국립중앙도서관 출판시도서목록(CIP)은
서지정보유통지원시스템 홈페이지(http://seoji.nl.go.kr)와
국가자료공동목록시스템(http://www.nl.go.kr/kolisnet)에서 이용하실 수 있습니다.
(CIP 제어번호 : CIP2015013404)

## 그 많은 똑똑한 아이들은 어디로 갔을까?

ⓒ 권재원

1쇄 발행 2015년 6월 15일
3쇄 발행 2017년 12월 26일

**지은이** 권재원
**발행인** 윤을식
**책임편집** 박은아
**편집** 김명회 박민진
**펴낸곳** 도서출판 지식프레임
**출판등록** 2008년 1월 4일 제 2016-000017호.
**주소** 서울시 서초구 효령로26길 9-12, B1
**전화** (02)521-3172 │ **팩스** (02)6007-1835
**이메일** editor@jisikframe.com
**홈페이지** http://www.jisikframe.com
**ISBN** 978-89-94655-38-3 (03370)